Paola Sirigu

GRAFOLOGIA DELL'ETA' EVOLUTIVA

Studi di psicologia applicata alla scrittura

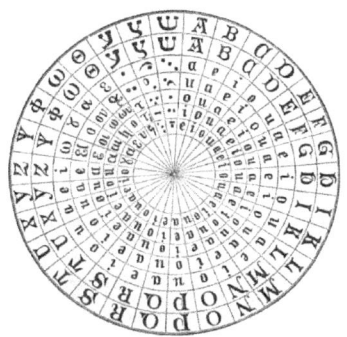

SOMMARIO

INTRODUZIONE

La scrittura è un tipo di espressione che coinvolge l'intera personalità, fisica e psichica. E' un sistema di comunicazione e come tale deve rispettare delle forme convenzionali, tuttavia queste forme non sono riprodotte semplicemente come un modello scolastico, ma sono adattate da ciascuno fino a produrre un tracciato personale nel quale sono visibili le esperienze, i gusti e i modelli d'identificazione. Per comprendere il significato di questo adattamento basta pensare a come una persona molto nervosa non possa avere una scrittura regolare e calma. Lo studio della scrittura si basa su parametri statistici, questo significa che, dopo avere esaminato un numeroso gruppo di scritture di persone che manifestano una specifica particolarità del carattere e dopo averlo confrontato con un campione di controllo, notando che una larga percentuale di esse mostra un segno o un tracciato specifico, diremo che la presenza di quel segno esprime *probabilisticamente* quel carattere. Questo è stato il metodo d'indagine fin dalla fine del XIX secolo e nei primi decenni del XX quando Crepiéux-Jamin (Francia), Klages (Germania), Pulver (Svizzera) e Moretti (Italia), osservarono numerosissime scritture trovando nella loro variabilità delle costanti, ossia dei tratti grafici ricorrenti cui attribuirono un significato basandosi sul riscontro empirico tra segno e particolarità del carattere.

Nell'opera *Simbologia della scrittura* del 1931, lo psicoanalista Max Pulver ha proposto uno schema topologico delle proiezioni inconsce nella scrittura (Fig. 1).

Quasi contemporaneamente Marco Marchesan ha trasformato il sapere intuitivo, che fino allora aveva caratterizzato gli studi di grafologia, in conoscenza razionale, ricorrendo a metodi sperimentali di misura (grafometrie).

Esistono numerose scuole di pensiero ma ciò che conta e che dimostra la loro validità, è che tutte, nell'analisi di una scrittura, giungono allo stesso risultato. In Italia ne prevalgono due, quella di Girolamo Moretti e quella di Marco Marchesan.

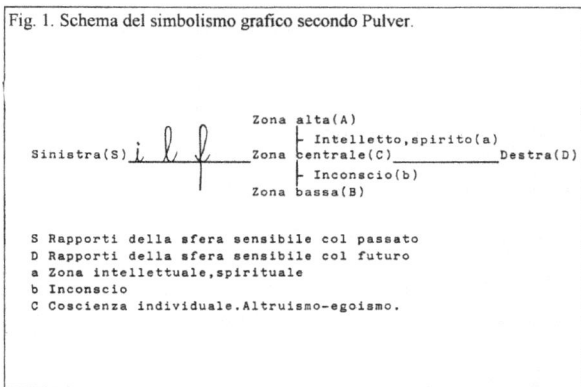

Fig. 1. Schema del simbolismo grafico secondo Pulver.

```
                                Zona alta(A)
                                     ├ Intelletto,spirito(a)
           Sinistra(S)               Zona centrale(C)_____Destra(D)
                                     ├ Inconscio(b)
                                Zona bassa(B)


S Rapporti della sfera sensibile col passato
D Rapporti della sfera sensibile col futuro
a Zona intellettuale,spirituale
b Inconscio
C Coscienza individuale.Altruismo-egoismo.
```

Moretti (Recanati 1879 - Ancona 1963) ha basato la sua tecnica sulla quantificazione dei segni attraverso l'attribuzione a ciascuno di essi di un "peso" in termini di decimi di grado. L'attribuzione avviene valutando il numero di volte in cui si presenta un segno. A Urbino esiste una Scuola Superiore di Studi Grafologici della durata di quattro anni, riconosciuta dal Ministero della Pubblica Istruzione. L'Associazione Grafologica Italiana, con sede ad Ancona, offre la possibilità di associarsi e operare per diffondere correttamente la conoscenza della grafologia a livelli internazionale.

Marco Marchesan (Gorizia 1899 - Milano 1991), rileggendo in chiave critica i trattati grafologici del Moretti, ha realizzato ciò che oggi è conosciuta come *Psicologia della scrittura*. Si tratta di una vera e propria tecnica strutturata in modo più scientifico poiché basata su misurazioni dettagliate. La scuola marchesaniana ha trovato riscontro non solo a livello internazionale, ma anche in campo giudiziario attraverso l'analisi delle perizie grafiche. Questo saggio si basa sull'analisi della scrittura secondo Marchesan.

Va specificato che non è pensabile dedurre semplicisticamente qualcosa da un solo segno grafico ma che la scrittura, essendo strutturata in modo complesso, va esaminata nella sua interezza dato che i segni possono assumere significati diversi in relazione al contesto generale. Marchesan ha individuato 226 segni grafici i quali, a loro volta, sono stati suddivisi in dodici parti che corrispondono agli aspetti generali della scrittura:

1. IL RIGO. Quando scriviamo, così come quando parliamo, sentiamo il destinatario davanti a noi e su di esso esercitiamo la nostra azione. La capacità di mantenere la scrittura allineata quando il foglio non è rigato, evidenzia equilibrio nei rapporti con gli altri e con l'ambiente e buona tenuta psichica. In genere le scritture spontanee mantengono discretamente bene il rigo e piccole variazioni in salita e in discesa non sono significative. Nella scrittura che sale sul rigo, la personalità proietta l'esuberanza di carattere di chi ha la tendenza ad avanzare le proprie posizioni respingendo le posizioni degli altri e le istanze che vengono dell'ambiente. Vi è una certa presunzione e un eccesso di fiducia nelle proprie capacità e questo non è un dato positivo perché maschera un'ansia di riuscire su qualcosa in cui in realtà il soggetto è spesso carente. Sono individui che mostrano di saper fare qualcosa che in realtà va oltre le loro reali capacità e che regalano promesse che poi non sono in grado di mantenere. Al contrario, nella scrittura discendente si raffigura una mancanza di tono, uno stato non ottimale di fragilità che esprime la tendenza a ritirarsi di fronte alle prese di posizione altrui e a rinunciare all'affermazione della propria personalità. E' quindi proiezione di un impulso psichico di sfiducia e di soccombenza. Si trovano spesso scritture discendenti nelle persone anziane ma anche in ragazzi la cui personalità è in uno stato involutivo. Questa situazione nei giovani può rivelare un grave disturbo della personalità ma può esprimere anche uno stato di sfiducia passeggero, per questo il segno discendente da solo non è significativo ma va confrontato con l'esistenza o meno di altri numerosi segni che agiscono in senso rafforzativo o ne attenuano il significato.

2. LA GRANDEZZA. La scrittura può essere di calibro regolare ma può anche oltrepassare i limiti diventando così grande o piccola. Il moto grande della mano è proiezione d'invadenza dell'ambiente a scopo solamente impositivo, una specie di cecità psicologica e di megalomania senza contenuto intellettuale. Il moto ampio ha anche un forte contenuto d'inerzia e l'inerzia non è certo proiezione di efficienza mentale. Si ha efficienza mentale, invece, nella scrittura piccola in cui tutti i movimenti sono controllati e sottoposti all'azione effettiva della personalità. Nella scrittura piccola la mente è di continuo impegnata a dirigere senza sosta il moto della mano, proiettando così un'intensa capacità di osservazione dei particolari. Inoltre chi scrive grande,

poiché la carta rappresenta l'ambiente, mostra di sentire il proprio io molto importante e destinato a dominare. Al contrario, chi scrive piccolo si mostra più equilibrato nel rapporto con gli altri salvo che non si riducano le dimensioni della scrittura oltre il ragionevole, nel qual caso lo scrivente mostra di sentirsi soggetto di minor diritto manifestando un senso d'inferiorità.

3. GLI SPAZI. Vi sono tre tipologie di spazio: quello fra parole, quello fra lettere e quello riguardante l'occupazione globale del foglio.
- Il moto della mano sulla carta senza tracciamento di parole è proiezione di perlustrazione dell'ambiente pertanto, più ampio è lo spazio che intercorre tra una parola e l'altra, maggiore è la capacità di valutare la realtà circostante.
- Nello spazio fra lettere si proietta invece l'attenzione verso l'interlocutore: nelle scritture in cui lo spazio fra lettere è ampio, troviamo la tendenza a concedere agli altri una considerazione maggiore che a se stessi.
- Il modo in cui il foglio è occupato indica come il soggetto si muove nell'ambiente sociale. Nell'occupazione integrale del foglio, poiché come abbiamo detto il foglio rappresenta l'ambiente, è proiettata la tendenza a muoversi con disinvoltura nella società e a prevaricare gli altri. Nelle scritture eccessivamente marginate vi è tendenza a sentirsi impacciati, a disagio, circoscritti e ristretti in limiti eccessivi negli ambienti altrui con inclinazione a restringersi nei propri limiti.

4. LA CHIAREZZA. Una scrittura è tanto più chiara quanto più imita il modello calligrafico. Chi scrive imitando il modello calligrafico rivela capacità di adeguarsi con facilità a quanto viene proposto e di trovare soddisfazione del proprio essere in questo adeguamento esatto alla norma sociale. Chi si discosta invece dal modello calligrafico mostra tendenza a rigettare le norme convenzionali e a sostituirle con qualcosa di proprio, esprimendo gusti fortemente personalizzati e originali. La chiarezza nel tracciato grafico rivela comunque sempre chiarezza d'azione ma anche conformismo e scarsa fantasia.

5. L'ANDATURA. La scrittura che corre velocemente verso destra è detta fluida. In essa è ravvisabile la tendenza a lanciarsi verso l'ambiente con grande velocità e veemenza, sia nell'espansione verso l'esterno sia nell'affettività, in ogni caso con elevata avidità di

godimento. Al contrario, la scrittura statica, quella che procede con fatica sul rigo, proietta una situazione psiconervosa tendente a rinunciatarismi e isolamento. Con l'andatura vengono anche esaminate la rapidità e la tensione.

6. LA PENDENZA. Il pendere delle lettere verso destra mostra una propensione della personalità verso l'ambiente e può indurre ad affettività incostante. L'inclinazione delle lettere verso sinistra mostra, al contrario, avversione della personalità nei riguardi dell'ambiente con danneggiamento dell'affettività. La scrittura più equilibrata è quella diritta invece, sia nella scrittura pendente verso destra che in quella pendente verso sinistra, è ravvisabile una carente padronanza di sé, un difetto nell'autocontrollo.

7. LA CONCISIONE. Una lettera può essere tracciata con il minimo segno (parca) o con esuberanza di tracciato. Chi ha il moto scrivente ridotto all'essenziale, rivela un istinto a capire l'essenzialità delle cose e delle situazioni e a renderle schematiche e concise. Invece chi spreca tracciato nella formazione delle lettere, mostra di avere l'istinto a profondere parole superflue per trasmettere i propri concetti; mostra inoltre di non saper cogliere l'essenziale di cose e situazioni e di venire distratto da mille particolari che poco contribuiscono alla formazione dell'idea basilare.

8. GLI ELEMENTI. Gli elementi grafici sono tutti i tracciati che completano le lettere. Comprendono aste e filetti, occhielli e tutte le linee.
- *Le linee verticali*. Dovendo scegliere una caratteristica grafica con cui esprimere la propria imperiosità, che è ovviamente una pressione, si è portati a scartare tanto le linee ascendenti che quelle orizzontali in quanto, in conseguenza della posizione che la penna assume nello scrivere, tali movimenti comportano un certo attrito tra penna e foglio. Quindi, per manifestare una pressione, sono significative le linee discendenti (aste), che pertanto assumono la funzione di vie della manifestazione della volontà. Non è un caso che la scrittura con tracciati verticali premuti sia comune nei bambini, poiché è tipico dell'infanzia il desiderio di essere al centro dell'attenzione (scrittura grande) e di imporre la propria volontà (aste grosse). Verso gli undici anni, i bambini, di pari passo alla maturazione, tendono a diminuire la

pressione delle aste. Se questo non avviene e la presenza del segno si protrae nel tempo, si consolida la tendenza a volersi imporre sugli altri e sull'ambiente. Vi sono anche aste assottigliate, ossia tratti discendenti che presentano un assottigliamento alla base. Questo è un carattere grafico piuttosto frequente nei ragazzi e denota timore a esprimere la propria volontà. Questa può essere una condizione passeggera legata a timidezza ma può essere anche un fattore costituzionale, in questo caso rivela emotività e ipersensibilità. Le linee ascendenti (filetti), sono invece le vie del sentimento. Anch'esse sono premute in età infantile, ma si vanno presto assottigliando fino a diventare decisamente sottili, indice che sta maturando la capacità di esprimere i sentimenti in modo delicato e lieve. Vi sono ragazzi che, invece, oltre gli undici anni esercitano ancora una pressione nei tratti ascendenti, violando ogni legge di praticità e velocità della scrittura. In questo caso vi è tendenza a esprimere i sentimenti in forma rozza e pesante e scarsa sensibilità. Sono ragazzi facili all'oblio, con memoria grossolana, che vanno maturando un pensiero egoista e un modo di sentire poco capace di comprendere gli altri. Spesso hanno espressioni volgari, pesanti e ingiuriose.

Accade anche la situazione opposta, ossia alcuni ragazzi non riescono proprio a tracciare le linee ascendenti mostrandosi incapaci a esprimere emozioni. Senza dubbio in questo caso la causa va ricercata in gravi carenze sofferte in questo campo, carenze tanto dolorose da far rimuovere allo scrivente i propri sentimenti.

Anche il modo con cui l'asta si piega dà informazioni sull'atteggiamento verso il prossimo! Considerando che destinazione e destinatario sono sentiti a destra, un piegarsi delle aste con concavità verso destra (aste curve), assume il significato di gradimento nei confronti dell'ambiente. Invece il rovesciarsi all'indietro delle aste è proiezione di un allontanamento morboso dal prossimo. In generale, nella parte superiore della scrittura è rilevabile l'interesse per l'idealità e in quella inferiore l'interesse per la realtà pratica e le questioni materiali. Se in una scrittura predominano le linee verticali proiettate verso l'alto con lettere t, l, f eccessivamente lunghe, siamo davanti a un individuo che esprime spiritualità. Al contrario, se in una scrittura gli allunghi inferiori delle p, q, g sono eccessivi, s'ipotizza un eccesso di interesse per le questioni materiali.

- *Gli occhielli.* Gli ovali delle o, a, d, ecc. costituiscono elementi fondamentali della scrittura. Ogni loro deviazione repentina e angolosa rivela una sensazione dolorosa. Se sono troppo aperti, indicano che lo scrivente è dotato di una forte sensibilità. Ciò procura emozioni dolorose perché, chi le possiede, subisce maggiormente il peso di ciò che di negativo gli accade intorno.

- *Le linee orizzontali.* Nelle linee orizzontali si manifesta l'intelligenza perché, lanciandosi verso chi legge, indicano la volontà di comunicare concetti e opinioni. Sono scelte dell'inconscio per esprimere contenuti dinamici della personalità e in questo caso si valutano tanto la lunghezza quanto la pressione. La pressione eccessiva indica presenza di una forma d'immaturità che tende a far vedere la realtà come si vorrebbe che fosse. Fanno parte di questo gruppo i tagli delle t che offrono all'inconscio la possibilità di proiettare nella scrittura i rapporti con la società.

9. I RICCI. Sono delle linee aggiunte, con qualsiasi andamento, alle lettere e alle parole. Sono tracciati che derivano da gesti automatici della mano e per questo sfuggono a ogni controllo. Sono segni importanti nelle perizie calligrafiche perché, se è semplice modificare volontariamente la pendenza o la grandezza di una scrittura, i ricci sono incontrollabili e per questo costituiscono una specie di biglietto da visita dello scrivente. Si manifestano generalmente all'inizio o alla fine di una parola e sono di diverso tipo. Per il fatto di non essere previsti dal modello calligrafico, sono proiezione di moti psichici inconsci, spesso illegittimi e irrazionali.

10. GLI ACCESSORI. Sono gli elementi che si aggiungono a determinate lettere dell'alfabeto per assicurarne la distinzione da altre con cui potrebbero essere altrimenti confuse. Trattasi dei tagli delle t, dei punti sulle i, degli accenti e delle interpunzioni. Possono manifestarsi in numerose varianti, così esistono tagli t uncinati, punti sulle i alti o a cerchio ecc.

11. I SEGNI COMPOSTI. Sono la risultante di due o più segni.

12. I MOTI SPECIALI. Comprendono tutti i segni che non rientrano nelle classi precedenti.

Ognuna di queste categorie comprende numerosi segni che vedremo più avanti nel dettaglio.

LA SCRITTURA NELL'ETA' EVOLUTIVA

Le leggi di grafologia generale possono essere applicate, con opportune varianti, alla scrittura dell'età evolutiva. E' appunto in questa età che l'attenzione all'espressione grafica può costituire motivo di riflessione per chi è impegnato in qualche modo in un'attività educativa, genitori e insegnanti in primis. Basta pensare al grande numero d'insuccessi scolastici nell'età della scuola dell'obbligo per comprendere l'importanza di tentare di capirne le cause attraverso il concorso di indagini pluridisciplinari.

R. Perron, in *La contribution de l'écriture à l'ètude de l'enfant* presentato negli atti del I Congresso europeo di pedopsichiatria tenutosi ad Assisi, evidenzia come la scrittura ponga al bambino molteplici problemi, da difficoltà motorie fondamentali fino ai problemi affettivi dell'integrazione scolastica. A queste difficoltà i bambini possono dare soluzioni estremamente diverse e più o meno soddisfacenti. Uno studio accurato di questi problemi e di queste soluzioni si rivela di grande interesse in una società dove la frequenza scolastica primaria è condizione essenziale del suo sviluppo, per questo la grafologia pedagogica si propone di aiutare a capire problemi affettivi e d'integrazione scolastica.

Moretti, in base alla sua vasta esperienza, stabilì ciò che, dal punto di vista grafologico, si può rilevare nelle varie classi della scuola dell'obbligo:
- nulla o quasi si può dedurre dalla scrittura di bambini di prima elementare;
- nella seconda classe elementare si possono considerare solo la grandezza e la larghezza tra parole;
- nella terza classe possono evidenziarsi la tenuta del rigo, la chiarezza, la concisione (parca) e la contorsione degli assi delle parole;
- nella quarta e quinta elementare si può pensare all'esame grafologico di altri segni perché il bambino è quasi arrivato alla spontaneità grafica;
- nei ragazzi delle scuole medie compaiono segni grafologici spiccatamente personali, dai quali è possibile capire come avvengono le relazioni col mondo circostante.

Il Venturini ha condotto degli studi di psicologia in base ai quali ha fissato, con relativa approssimazione, cinque "età della scrittura", che possono essere schematicamente sintetizzate come segue:

- I stadio - primi tentativi di copiare un modello calligrafico, età mentale quattro - cinque anni.

- II stadio - formazione delle prime parole, età scolastica I e II elementare, età mentale sei - sette anni.

- III stadio - organizzazione della scrittura, età scolastica III-IV-V elementare, età mentale otto - dieci anni.

- IV stadio: periodo d'inibizione, età scolastica scuola media inferiore - prima superiore, età mentale undici - quindici anni.

- V stadio: libera espressione della personalità, età mentale sopra i sedici anni.

Un contributo importante alla grafologia giovanile è stato dato da Paolo Bruni che ha evidenziato gli elementi della scrittura che denotano particolari problematiche derivanti dall'ambiente socio-familiare di provenienza. Nel tracciamento grafico Bruni individua tre zone distinte: quelle del corpo scrittura, quella degli allunghi verso l'alto e quella degli allunghi verso il basso.

Nella Fig. 2 è riportato il simbolismo grafico secondo la teoria della grafologia strutturale di Paolo Bruni.

Confrontando questo schema con quello di Pulver (fig. 1), si può notare la diversità di posizione attribuita all'inconscio: Pulver situa l'inconscio in basso, sotto il rigo, Bruni lo colloca nel rigo stesso. In particolare, secondo quest'ultimo, il corpo scrittura rappresenta la casa, il focolare domestico, la presenza materna rassicurante. Sopra il corpo scrittura c'è la zona degli ideali, del pensiero, c'è il luogo del dialogo e dei principi superiori. In questa zona si può vedere quale sia il rapporto del ragazzo con il padre, poiché il padre rappresenta gli ideali e i principi superiori. Sopra il rigo trovano anche posto tutte le altre relazioni familiari. Sotto la linea del rigo si può invece rilevare com'è il mondo del soggetto rispetto alla materialità. Bruni spiega i rapporti all'interno del triangolo familiare anche in termini psicoanalitici riconoscendo nella scrittura le istanze freudiane dell'IO, dell'ES e del Super-IO.

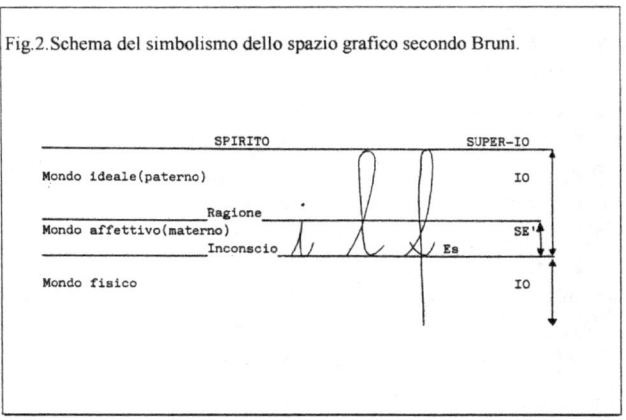

Fig.2.Schema del simbolismo dello spazio grafico secondo Bruni.

L'IO è la personalità (in via di sviluppo o già formata a seconda che si tratti di un bambino o di un adulto) ed è il risultato dell'ambiente sociale in cui si vive, dell'educazione ricevuta e delle esperienze così come sono state interiorizzate. L'IO costituisce la personalità e l'individualità dell'essere umano, l'insieme delle motivazioni e delle azioni che condizionano l'adattamento alla realtà, soddisfano i bisogni, risolvono i conflitti dovuti a desideri incompatibili tra loro. In alto c'è il Super-IO, istanza inconscia che giudica, censura, vieta. In esso sono riconoscibili i divieti familiari, morali, sociali e culturali introiettati. Il rigo rappresenta l'inconscio (ES), ossia tutto un insieme di processi che agiscono sul comportamento, ma che sfuggono alla coscienza, potremo definirle pulsioni istintuali.

Da quanto detto s'intuisce dunque come, dall'esame del tracciato grafico, si possa valutare il grado d'inserimento di un soggetto nel mondo sociale e familiare, le relazioni col mondo genitoriale e le pulsioni del profondo.

A titolo di esempio, esaminiamo alcuni tratti fondamentali della scrittura di Francesco (Fig. 3).

...nti di merci e persone avvengono per motivi
la scelta del mezzo viene fatta in base a diverse
lità per chi si sposta per lavoro e non vuole
o prezioso per chi deve trasferire merci
i economicità, anche se i mezzi sono lenti,
i tempo o per merci che possono sopportare un
magg.; comodità per chi viaggia per divertimento e
non bada né alla spesa né al tempo.
che avvolge l'Europa può essere paragonata
circolatorio o un essere vivente, che porta il
ita a tutte le sue parti; essa è così fatta
ptissime some del continente vi è un'alta
- popolazione e delle attività economiche.

Nella scrittura di Francesco, quindici anni (Fig. 3), si nota subito la mancanza del tracciamento di linee ascendenti (filetti). Il modello calligrafico prevede il tracciamento del filetto nelle lettere con allungo superiore (b, f, h, l), Francesco però li omette quasi sempre, partendo direttamente con un moto diretto verso il basso. Abbiamo detto che in alto sono identificabili gli ideali, i principi superiori, la figura paterna, le istituzioni. Francesco dunque non traccia il filetto, ossia non s'innalza verso gli ideali con le proprie forze ma accetta senza discutere ciò che gli viene imposto. Il ragazzo, infatti, ha un padre violento ed è stato educato a non mettere mai in discussione ciò che gli è comandato. Del resto vi è il desiderio di affermare la propria esistenza e questo si nota dalla pressione generale forte, ma l'eccessivo margine a destra e il tratto discendente informano anche che vi è una grande paura di non farcela. All'età di tredici anni frequenta la seconda media con un anno di ritardo e viene bocciato per il disimpegno. A quattordici anni riprova a frequentare la seconda media, ma non riesce a portare a termine l'anno scolastico tanta è la certezza di non farcela, così è ancora bocciato. All'età di quindici anni, Francesco frequenta con una certa regolarità e per la terza volta la seconda media, ma non si può dire certo che abbia risolto i suoi problemi. E' intelligente, la scrittura è ordinata e chiara, eppure continua a essere svogliato e sfiduciato manifestando in pieno la difficoltà di dialogare con il mondo degli adulti. Le aste sono spesso rovesciate, segno di respingimento del prossimo, perché il rapporto conflittuale con il padre lo porta a identificare con la figura paterna ogni adulto che incontra. Prova un senso di colpa perché non si sente in grado di soddisfare le esigenze del padre, così è sfiduciato (scrittura discendente) e desidera nascondere la sua personalità che ritiene non adeguata. Questo è ravvisabile dalle m ed n ad arco che, a quindici anni, si sarebbero già dovute aprire. Insomma, ogni tratto esprime il senso d'inadeguatezza e la paura di andare fino in fondo nelle possibilità che la vita offre.

LE FASI DI SVILUPPO NELL'ETA' EVOLUTIVA

Ciò che si conosce sulle fasi di sviluppo dell'età evolutiva si deve a una mole ingente di osservazioni sia trasversali, ossia eseguite su gruppi di ragazzi della stessa età, sia longitudinali, prolungandole cioè nel tempo sugli stessi soggetti. La determinazione precisa delle condizioni di osservazione ha permesso di raccogliere dati comparabili, ai quali sono stati applicati metodi d'indagine statistica.

Per quanto riguarda i bambini in età prescolare, il contributo più importante viene dallo psicologo americano A. Gessel che, nel libro *The mental growth of the pre-school child* pubblicato nel 1925, riporta l'esito di osservazioni sia longitudinali sia trasversali realizzato su un gruppo di cinquanta bambini dai quattro ai sessanta mesi di età, sui quali si sono effettuati studi riguardanti la motricità, il linguaggio e le azioni.

Lo psicologo svizzero J. Piaget (1869-1980) praticò osservazioni trasversali su soggetti di diversa età e studiò in particolare il passaggio a forme via via più evolute di ragionamento. Così nelle varie età si sono osservate capacità logiche e di giudizio, causalità fisica, giudizio morale, concetto di numero, di quantità e di tempo, di movimento e di velocità. Secondo Piaget si possono riconoscere quattro fasi di sviluppo dell'intelligenza:

PERIODO SENSO-MOTORIO (da zero a due anni). In questa fase il bambino esegue solo azioni motorie e riconoscimento di oggetti. Qui lo sviluppo mentale è straordinario, infatti, attraverso una serie sempre più completa di schemi d'azione, il bambino impara a conoscere la realtà.

PERIODO PRE-OPERATIVO (da due a sette anni). In questa fase compare la funzione simbolica. Per mezzo di attività rappresentative quali il gioco, il linguaggio e i disegni, le azioni si trasformano in pensiero. In tutta questa fase la socializzazione ha un ruolo fondamentale, il pensiero è tuttavia ancora molto egocentrico, come risulta dall'antropomorfismo e dall'animismo presenti nell'universo infantile di questo periodo evolutivo.

PERIODO DELLE OPERAZIONI CONCRETE (da sette a undici anni). In questa fase le attività di pensiero acquistano il carattere di reversibilità e quindi sono assimilati i concetti di numero, tempo, spazio e peso, manca ancora tuttavia la comprensione del carattere formale delle operazioni e quindi vi è incapacità di fare generalizzazioni.

PERIODO DELLE OPERAZIONI FORMALI (da undici a quindici anni). Questa fase è caratterizzata dalla capacità di ragionare su ipotesi.

Sempre riguardo le fasi di sviluppo dell'età evolutiva, più recentemente una commissione d'insegnanti diretta da B. Bloom, ha identificato sei livelli di abilità intellettuali:

CONOSCENZA. Si esprime nella capacità di ricordare nomi, date, fatti, simboli e teorie.

COMPRENSIONE. Si esprime nella capacità di offrire una nuova formulazione del dato per dimostrarne la comprensione. Tale abilità si può rilevare nelle traduzioni, nell'interpretazione dei dati, nelle estrapolazioni.

APPLICAZIONI. E' la capacità di applicare un metodo noto alla risoluzione di un problema nuovo.

ANALISI. Si verifica quando si è in grado di dare una gerarchia alle idee, ad esempio nella distinzione tra ciò che è essenziale da ciò che non lo è, tra fatti e ipotesi. Avviene anche nel riconoscimento di collegamenti.

SINTESI. E' la capacità di organizzare le parti di un tutto, ad esempio nella produzione di un racconto, nella formulazione di ipotesi, ecc.

VALUTAZIONE. Si manifesta nella capacità di emettere giudizi.

Si può senz'altro trovare un punto di contatto tra le due classificazioni, considerando che la conoscenza di Bloom corrisponde al periodo senso-motorio e pre - operativo di Piaget, che la comprensione e l'applicazione sono riferibili allo stadio delle operazioni concrete e che analisi, sintesi e valutazione sono rapportabili allo stadio delle operazioni formali.

Gli stadi di sviluppo considerati sono dei punti di riferimento, in realtà è sorprendente constatare quante differenze esistano nei ritmi di sviluppo tra un ragazzo e un altro. Non solo, ma nello stesso soggetto può verificarsi un'evoluzione rapida rispetto alla formazione di certe strutture operative e invece battute d'arresto importanti nella formazione di altre. Comunemente, per motivi di ordine pratico, sono considerati se non uguali, certamente molto simili, ragazzi aventi la stessa età anagrafica, tanto da essere inseriti nella stessa classe e da impartire loro, in linea di massima, gli stessi programmi. Secondo la normativa vigente, spetta poi agli insegnanti organizzare, nell'ambito della stessa classe, itinerari di apprendimento diversi secondo le singole esigenze. E' importante quindi per l'educatore, come approccio iniziale, poter verificare, ad esempio, se un ragazzo si trova, relativamente all'apprendimento di una data abilità, nello stadio delle operazioni concrete oppure in quello delle operazioni formali.

IL METODO

In questa indagine si è esaminata una popolazione di cento ragazzi di età compresa tra undici e quattordici anni e su di essa si sono effettuate numerose osservazioni atte a evidenziare le abilità acquisite e il livello di maturazione raggiunto. Ai ragazzi si sono somministrati, all'inizio dell'anno scolastico, dei questionari (prove d'ingresso) atti a evidenziare il possesso di abilità cognitive di base. Tali informazioni sono state completate da notizie fornite, da un lato dagli insegnanti che hanno seguito questi ragazzi per almeno un intero anno scolastico, dall'altro dalle famiglie che hanno collaborato compilando a loro volta dei questionari informativi generali. Si è così pervenuti a un quadro generale riguardante sia le abilità intellettive della popolazione esaminata, che la situazione socio-ambientale di provenienza. Sugli stessi soggetti si è eseguita in parallelo un'analisi della scrittura per valutare, secondo il metodo grafologico di Marchesan, le potenzialità intellettive, l'eventuale presenza di fattori disturbanti lo studio, le difficoltà di socializzazione, il grado di emotività e d'insicurezza.

Dall'analisi del test d'ingresso e dei dati forniti dagli insegnanti, è emerso che soltanto il 27% dei ragazzi si trova nello stadio delle operazioni formali ed è in grado di compiere operazioni di analisi, di sintesi e di valutazione (Fig. 4).

Ben il 70% dei ragazzi è collocabile nello stadio delle operazioni concrete, caratterizzato dalla comprensione dei concetti e dalla loro applicazione, non solo, ma quasi la metà di questi, mostra di incontrare serie difficoltà proprio nella fase di applicazione dei contenuti. Sarebbe eccessivo collocare questi ultimi nel periodo pre - operativo di Piaget, è comunque un dato di fatto che si è in presenza di scarso equilibrio dinamico fra assimilazione e accomodamento, intendendo per assimilazione l'incorporazione di dati provenienti dall'esterno entro schemi già posseduti, e per accomodamento la parziale modificazione degli schemi in risposta agli aspetti nuovi della realtà.

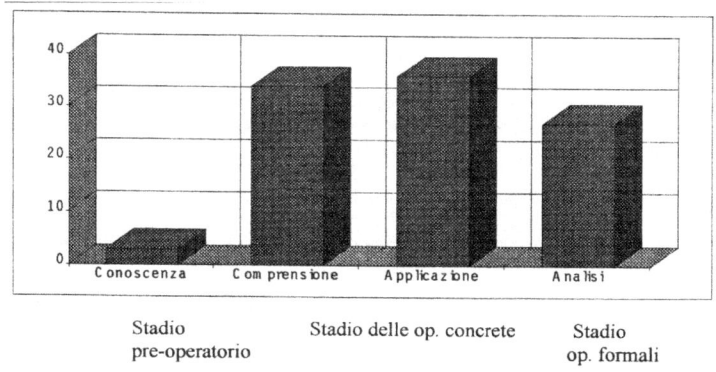

Fig.4.Distrubuzione della popolazione in esame secondo il modello di Piaget e di Bloom.

Si può quindi affermare che il 36% dei ragazzi è collocabile a pieno titolo nello stadio delle operazioni concrete, che è dotato di adeguate potenzialità intellettive ma che mostra ritmi di apprendimento più lenti di quelli ipotizzati da Piaget. Il 34% esclude un'integrazione armoniosa tra assimilazione e accomodamento: più della metà di questi ha alle spalle almeno un anno di ripetenza scolastica e molti presentano reali difficoltà di apprendimento e d'integrazione dovuti a disagi socio-ambientali. Il 3% dei ragazzi è considerato intellettivamente debole.
La parallela ricerca grafologica compiuta secondo il metodo Marchesan ha offerto un approccio complementare: l'analisi della scrittura, infatti, è in grado di dare un'immagine più globale della situazione di un soggetto in quanto prende in considerazione anche la situazione familiare e socio-affettiva. L'analisi psicologica della scrittura consente di analizzare non solo le componenti dell'intelligenza, ma anche di capire fino a che punto i fattori familiari, ambientali e sociali intervengono a modificare o a rallentare lo sviluppo evolutivo di un individuo. In particolare gli studi di grafologia pedagogica offrono un materiale molto rappresentativo del contributo che si può trarre da questa disciplina.

Nella Fig. 5 sono riportati i segni grafici che consentono di valutare, secondo il modello psichico del Marchesan e il contributo del Prof. Sante Bidoli, alcune tendenze fondamentali del processo di apprendimento e di inserimento scolastico.

TENDENZE	SEGNI GRAFICI
POT.INTELLETTIVE	Fluida, rapida, larga di lettere, piccola, parca, robusta, scattante, divaricata.
STUDIO DIFFICOLTOSO	Snervata, disordinata, allentata, grande, arruffata, costretta, titubante, tentennante, stentata.
SOCIALIZZAZIONE	Rovesciata, discendente, accorciata, larga tra parole, margini a dx., apici ritorti, aste ritorte, occhielli a ruota.
EMOTIVITA'	Aste assottigliate, tagli t assottigliati, tagli t corti, tagli t declinanti, contorta, disordinata, tesa.

Fig. 5: Segni grafici per la valutazione di alcune tendenze fondamentali nel processo di apprendimento scolastico secondo il modello psichico di M. Marchesan.

LE POTENZIALITA' INTELLETTIVE

Dare una definizione d'intelligenza significa aprire un dibattito senza fine sul quale tuttora gli esperti del settore vedono un accavallarsi di teorie spesso divergenti. Ciò è comprensibile se si considerano anche solo alcune delle funzioni complesse della mente, quali la capacità di giudizio, di comprensione o di ragionamento e soprattutto se si considera che spesso persone molto abili in un settore sono completamente incapaci in altri. Nonostante ciò si assiste a un continuo fiorire di diversi filoni di ricerca impegnati a trovare il modo di quantificare l'intelligenza. Il primo tentativo di costruire strumenti di misura risale a Binet che, intorno al 1905, operò un tentativo di classificazione basandosi sull'osservazione del profitto scolastico dei soggetti esaminati. Dopo di lui ci hanno provato Spearman, Thurstone, Guilford, Hebb e molti altri. Ora paiono evidenti i limiti connessi a tale procedura e all'uso che se ne può fare. Tali limiti sembrano ancora maggiori se si pensa all'intelligenza nell'età evolutiva, nell'infanzia e nella preadolescenza, dove l'effettiva efficienza mentale è solo in parte derivata da un potenziale innato e dove invece assume un ruolo predominante la stimolazione ambientale che da sola può esaltare o reprimere le capacità individuali geneticamente determinate. A volte si confondono situazioni di disagio ambientale o psicologico con difficoltà di rielaborazione dei contenuti e l'insuccesso scolastico di un ragazzo è attribuito, spesso erroneamente, alla mancanza d'impegno o alle limitate capacità intellettive, soprattutto quando la famiglia di origine è apparentemente normale. In questi anni si è assistito a un aumento enorme di casi di dislessia, talora confusa con difficoltà derivanti da grave disimpegno. Chi, per vari motivi, fin dalla scuola elementare ha sempre rifiutato lo studio, cresce semianalfabeta e in questi casi la dislessia è solo apparente. Per contro esistono casi di dislessia non riconosciuta.
Osserviamo la scrittura di Stefano (Fig. 6)

lo strumento più largamente utilizzato dall'uomo.
e ad altri strumenti musicali. La musica Europea,
una tradizione che alle sue origini è quasi esclus...
Ecco, infatti, la musica vocale era decisamente
altro era eseguito senza l'accompagnamento di
, poi, con il melodramma la voce viene particolar...
...teplici potenzialità espressive e i contenuti sono
. in parti di grande eroismo, recitando in teatro,
dovettero anche sviluppare delle tecniche per aumento
I compositori inoltre svilupparono gradualmente
...gliere per ogni personaggio un certo tipo di voce.
...ù nel melodramma dell'800. Giacomo puccini è noto a
...glio di musicisti. Con l'aiuto di una borsa di studio
o di composizione presso il conservatorio di Milano.
...verto in un alloggio in affitto che divideva con il
altri compagni. Fu un periodo di distrettezze economiche
il compositore uscì solo nel 1893 quando la sua
teatro regio di Torino, gli procurò il primo grande
che all'estero.

Stefano (Fig.6) è considerato un ragazzo con capacità intellettive limitate. All'età di quattordici anni frequenta ancora la seconda media e ha alle spalle esperienze di ripetenza scolastica. I test d'ingresso evidenziano un'assimilazione frammentaria dei contenuti, scarse capacità di analisi e i suoi insegnanti rilevano difficoltà espressive e un metodo di lavoro disorganico. Questo iter scolastico fa pensare che il ragazzo debba essere collocato, in termini di apprendimento, nello stadio delle operazioni concrete, dove sembra essersi arenato nella fase di "comprensione". La scrittura rivela che le potenzialità intellettive di Stefano sono adeguate e che pertanto occorre cercare altrove le motivazioni di questo ritardo nella maturazione. Il ragazzo presta un'attenzione insufficiente all'ambiente circostante (interlettera stretta e stretta tra parole) perché troppo preso dal proprio mondo. Non sa ascoltare perché è ancora dipendente dai genitori ed è troppo protetto: infatti vive in una famiglia che fa il possibile per evitargli il contatto con la realtà, che sceglie chi deve frequentare, che litiga con gli insegnanti per ogni brutto voto. La scrittura è anche grande per la sua età e conferma che siamo in presenza di una inflazione dell'Io, che si è chiuso in sé stesso soffocando tutte le altre istanze che pertanto non vengono ascoltate. E' questo un senso di onnipotenza e di egocentrismo infantile presente ancora in modo molto marcato. Inoltre nell'ambito familiare la figura paterna è debole e tutto ruota attorno a una madre che è percepita come autoritaria (occhielli angolosi). Tutto ciò si ripercuote negativamente sull'apprendimento e il problema non è intellettivo ma educativo: non vi è armonia nella strutturazione del triangolo familiare e la famiglia non sa provvedere al graduale distaco del figlio da sé al fine di renderlo autonomo e indipendente.

La prassi comune, nella scuola dell'obbligo, di eseguire all'inizio dell'anno scolastico delle prove d'ingresso atte a valutare la padronanza dei prerequisiti necessari per affrontare un certo itinerario di apprendimento, soffre, in un certo senso, degli stessi limiti imputabili ai test utilizzati per il calcolo del quoziente d'intelligenza. Infatti, gli item vengono scelti per soggetti selezionati solo in base all'età e alla classe di appartenenza senza considerare le ampie differenze evolutive individuali. Non solo, ma il criterio di valutazione di un test è per lo più il successo scolastico di cui però si sa che non è determinato solo da fattori cognitivi, ma anche da componenti sociali e familiari. La scuola riesce a determinare con buona precisione il risultato finale di una serie di atteggiamenti complessi, ma riesce a cogliere solo marginalmente le potenzialità intellettive del soggetto, proprio perché in questo tipo di valutazione non si tengono in considerazione tutti quei fattori che possono influire sullo sviluppo globale della personalità.

Gli insegnanti si accorgono precocemente se un ragazzo è svogliato ma, nonostante gli sforzi fatti, difficilmente riescono a modificare questo stato di cose proprio perché difficilmente riescono a cogliere il reale motivo di questa svogliatezza e gli interventi realizzati risultano conseguentemente poco mirati. Del resto mancano nella scuola strumenti oggettivi adatti a valutare le componenti non cognitive dell'intelligenza e dell'apprendimento, quali ad esempio il grado di emotività o di socialità che tanto influiscono sullo sviluppo della persona.

Queste considerazioni inducono a parlare di "potenzialità intellettiva" piuttosto che d'intelligenza, essendo questa, appunto, frutto dell'interazione di numerosi fattori.

I segni grafici che consentono di valutare tali potenzialità sono: fluida, rapida, legata, larga di lettere, piccola, parca, robusta, scattante, divaricata.

Fluida

È definita fluida, la scrittura che corre velocemente verso destra (Fig.7), segno di una tendenza a lanciarsi verso l'ambiente con grande velocità, sia nell'espansione che nell'affettività. Tale movimento è rilevabile indipendentemente dalla fretta o dalla calma con cui avviene il movimento stesso. La fluidità denota prontezza, velocità nell'attenzione e in tutti gli automatismi apprenditivi, ma soprattutto indica fiducia nelle proprie capacità.

E' questo che fa di questo carattere un tratto essenziale, infatti è fondamentale che, nell'iniziare qualsiasi attività, si pensi più o meno inconsciamente di essere in grado di eseguirla. La fiducia nei propri mezzi mentali è controllabile didatticamente in quanto l'insegnante, gestendo adeguatamente i successi e gli insuccessi scolastici, è in grado di favorire l'autostima e l'acquisizione della fiducia nelle proprie capacità.

Fig.7.Marco,11 anni.

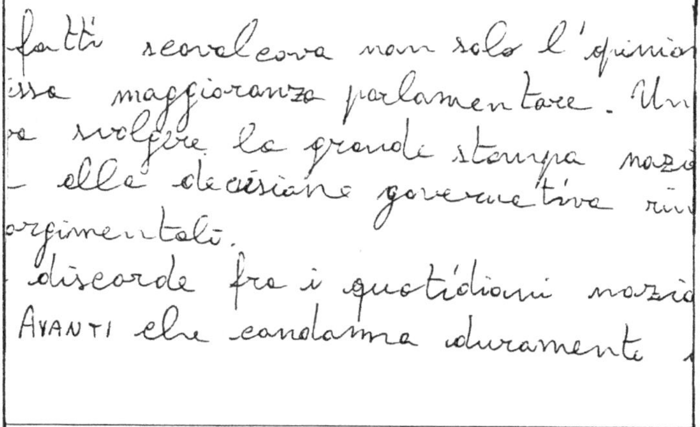

[handwritten text] fatti rearleava non solo l'opinio
issa maggioranza parlamentare. Un
re svolgere la grande stampa nazi
- elle decisiano governative ri
orgimentali.
discorde fra i quotidiani nazio
AVANTI che condanna duramente

Fig.8.Alessandro, 13 anni.

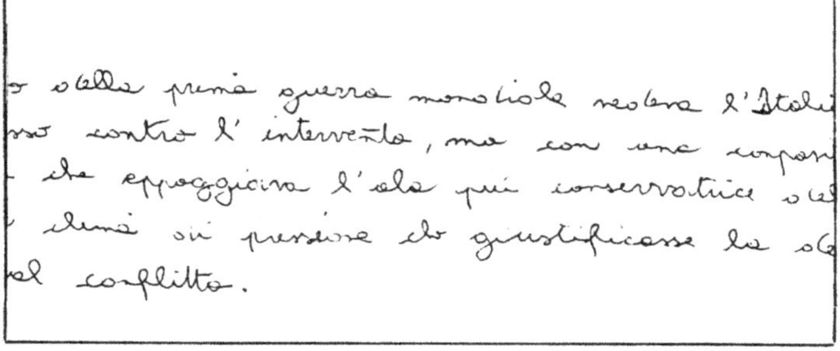

[handwritten text] o della prima guerra mondiale vedeva l'Itali
contro l'intervento, ma con una impon
che appoggiava l'ala più conservatrice ce
uno si persone che giustificarse la ol
el conflitto.

Rapida

La scrittura rapida (Fig.8) è quella in cui, nel movimento veloce verso
destra, si denota una sorta di strapazzamento delle lettere causato dalla
fretta. Tale segno non è da confondere con la deformazione dovuta a
eccesso di tensione nervosa. Se da un lato la scrittura rapida può
denotare una certa tendenza all'imprecisione per fretta, dall'altra
evidenzia velocità di riflessi e rapidità nell'apprendimento. Una

scrittura eccessivamente calma diminuisce il vigore mentale e toglie mordente all'attività personale.

Legata

La scrittura legata (Fig.9) è quella in cui la parola è scritta con continuità di tracciato e la penna è distaccata solo occasionalmente dal foglio. Una legge fisica di praticità impone di legare le parole, infatti, ogni sospensione del tracciato comporta un continuo moto frenante e un sollevamento della mano dal foglio, gesti che comportano un forte spreco di energia.

Per capire il significato psicologico del segno "legata", basta analizzare il processo emotivo, mentale e volitivo attraverso il quale si prende una decisione anche banale. Procedere per tentativi richiederebbe un tempo eccessivamente lungo, mentre nella realtà la vita esige che si proceda in modo rapido e non analiticamente, ossia senza chiarificare in forma esplicita proposizioni, ragionamenti e idee. Vi è quindi la necessità pratica di procedere per sintesi. Questa tendenza si rispecchia nella scrittura legata.

La presenza del segno "slegata" (Fig.10), compare nel 45,9% dei ragazzi considerati intellettivamente deboli, ma compare anche, seppure con frequenza molto inferiore (14,8%), in ragazzi che conseguono buoni risultati scolastici. Quando la slegatura riguarda le aste delle m e delle n o addirittura altre lettere che, violando il modello calligrafico vengono tracciate in due tempi (Fig.11), si assiste a una perdita del senso della realtà, a una sensazione di disordine se non addirittura di caos.

Fig.9.Mauro,13 anni.

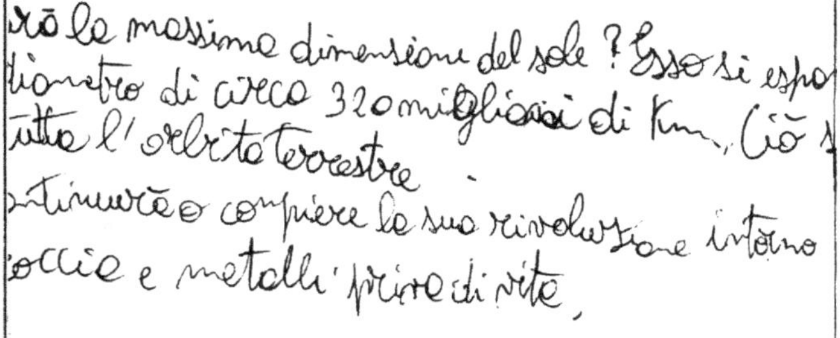

rò le massime dimensione del sole ? Esso si espa
liametro di circo 320 migliaia di km, Ciò s
tutto l'orbita terrestre.
ntinuarte o compiere le sua rivoluzione intorno
occie e metalli privo di rite,

Fig.10.Nicola, 13 anni.

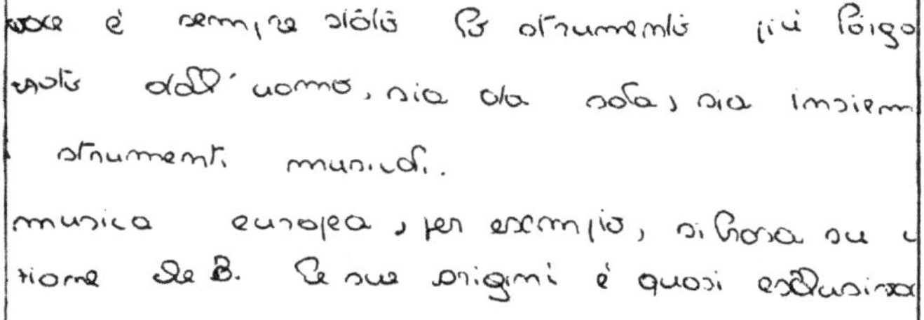

voce è sempre stòtò B strumento più lungo
sati dall' uomo, sia da sola sia insiem
strumenti musicali.
musica europea, per esempio, si Rosa su
tione de B. Ce sua origini è quasi exclusina

Fig.11.M. 12 anni.

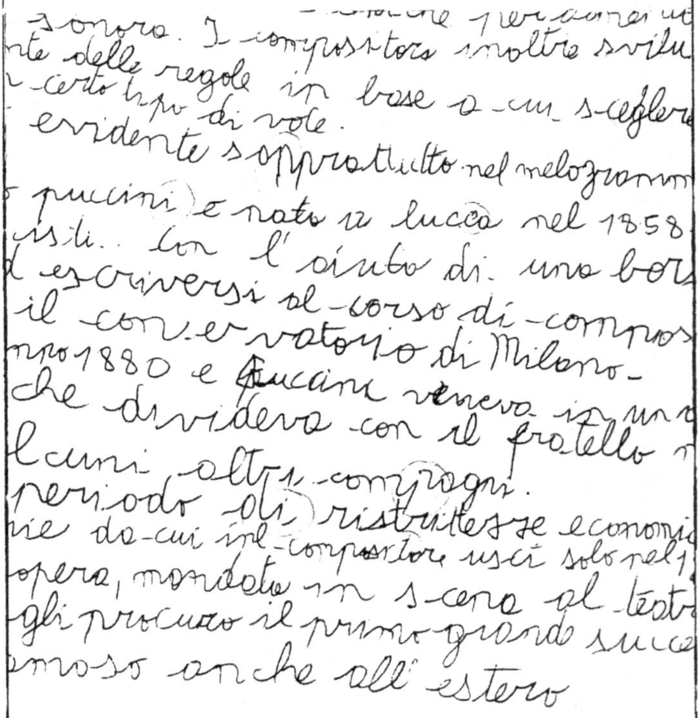

sonoro. I compositori inoltre svilu
nte delle regole in base a cui s'ceglie
certo tipo di vole.
evidente soprattutto nel melodramm
Puccini è nato a Lucca nel 1858.
isti. Con l'aiuto di una bor
d'esoriversi al corso di compos
il conservatorio di Milano
nno 1880 e Puccini veneva in una
che divideva con il fratello
l'cuni altri compagni.
periodo di ristrettesse economi
ie da cui il compositore uscì solo nel
opera, mondata in scena al teat
gli procurò il primo grande succe
moso anche all'estero

Il campione della Fig. 11 è Marco, ha dodici anni e frequenta la II media. Gli insegnanti lo giudicano intelligente, ma il grave disordine, la disorganizzazione nel modo di essere e di comportarsi e la confusione nel coordinamento delle azioni, non consentono di produrre risultati scolastici accettabili, né sul piano cognitivo né su quello della socialità. La madre soffre di gravi disturbi psicologici e M. è spaventato e disorientato, vive in un mondo di contraddizioni, di ansie e somatizza questo suo malessere con crisi frequenti di vomito. Gli insegnanti vorrebbero che producesse un maggior impegno e ciò non fa che aumentare la sensazione di fallimento: ogni giorno, sia a casa sia a scuola, è inevitabilmente messo a confronto con i suoi errori e con la sua inadeguatezza. La situazione familiare gravissima, una carente assistenza sociale e il temperamento ipersensibile non gli consentono di assumere un atteggiamento accettabile. Impensabile proporgli l'apprendimento di materie complesse, ma occorre far leva principalmente su materie operative che lo mettano in grado di lavorare. In particolare la situazione esige l'esecuzione in classe di consegne brevi, non necessariamente di tipo cognitivo, e strutturate in modo da garantirgli il successo per aiutarlo a fargli acquisire stima di sé e per farlo sentire apprezzato da compagni e insegnanti, puntando così, nei limiti del possibile, su un suo migliore inserimento sociale.

Larga di lettere

Viene definita larga di lettere la scrittura in cui gli occhielli delle a, o, d, g, q, sono tracciati in modo da presentare il diametro orizzontale maggiore dell'asse verticale (Fig. 12). Secondo le leggi di proiezione della scrittura, le linee orizzontali sono quelle dell'intelligenza, quelle ascendenti del sentimento e quelle discendenti sono le linee della volontà.

Chi traccia occhielli aventi linee orizzontali della stessa estensione delle verticali presenta un'intelligenza e un sentimento in equilibrio.

Fig.12. Valeria,13 anni.

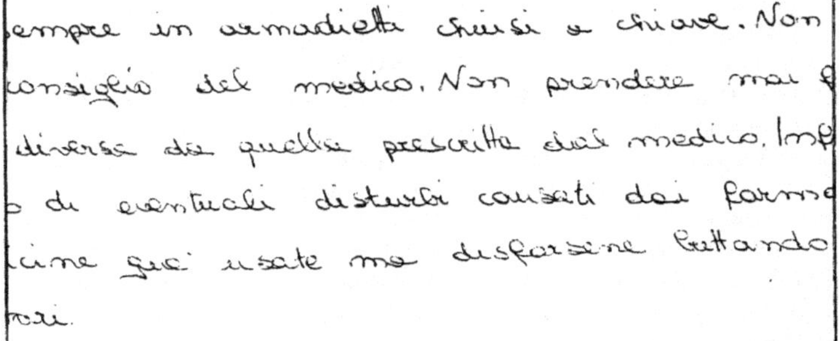

empre in armadietti chiusi a chiave. Non
consiglio del medico. Non prendere mai ⸮
diversa da quella prescritta dal medico. In⸮
⸮ di eventuali disturbi causati dai farm⸮
⸮ine già usate ma disfarsene buttando⸮
⸮ai.

Fig.13.Matteo,13 anni.

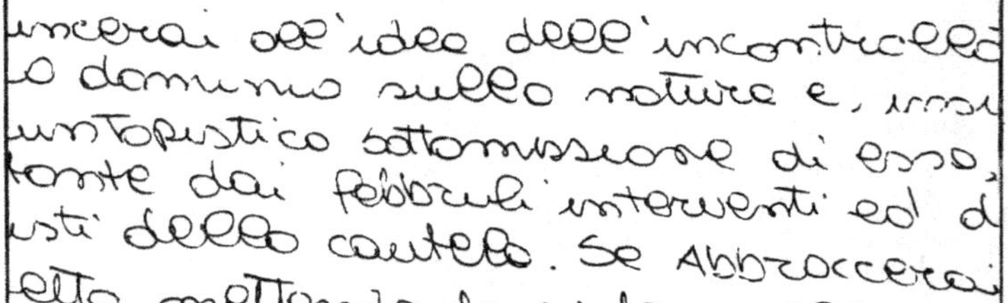

⸮ncerai all'idea dell'incontrolla⸮
⸮o dominio sulla nature e, ⸮⸮
⸮ntopistico sottomissione di esso,
⸮onte dai febbrili interventi ed d⸮
⸮sti della cautela. Se Abbraccera⸮
⸮etto, mettendo da moto ⸮⸮⸮

34

La scrittura che presenta l'occhiello con un'estensione verticale maggiore di quella orizzontale (stretta di lettere) mostra invece un predominio del sentimento e della volontà sulla ragione, rivelando così un'intelligenza superficiale.

La scrittura che presenta l'occhiello con un'estensione orizzontale maggiore di quella verticale, ossia il carattere "larga di lettere" rivela la capacità di approfondire i propri sentimenti e le proprie idee e di analizzarli sotto tutti gli aspetti. Dal punto di vista psicologico, la tendenza a conoscere approfonditamente un concetto richiede una partecipazione non solo intellettiva, ma anche emotiva e affettiva alla conoscenza perché, se una cosa non suscita interesse e lascia emotivamente inerti, non ha presa sulla personalità.

Nell'interpretazione della scrittura occorre ricordare che l'eccessiva dilatazione degli occhielli richiama in certi casi, soprattutto tra le ragazze, la caratteristica di tipo "orale", con lettere grandi, gonfiate e addossate l'una all'altra che, secondo la tipologia junghiana, rappresenta una problematica di superamento della prima infanzia (Fig. 13). Nell'elaborazione delle sue osservazioni cliniche, Jung arrivò alla definizione e alla descrizione di otto tipi psicologici principali, fra i quali quello orale, la cui struttura caratteriale sorge da una deprivazione di cura e sostegno nella prima infanzia e si associa alla paura di abbandono. Il carattere orale ha una forte propensione verso la dipendenza e i tratti distintivi sono la passività, il bisogno di assistenza, l'egocentrismo spiccato.

In molte ragazze anoressiche ricorre con frequenza la presenza massiccia del segno "larga di lettere" con eccessiva dilatazione degli occhielli. In tali soggetti l'affermazione della personalità non è equilibrata ma è avvenuta in un ambito egoistico rappresentato dalla dominanza del proprio Io che, simbolicamente, è concentrato nella zona centrale della scrittura. Scritture di questo tipo, pertanto, mostrano un abnorme sviluppo della zona centrale che appare ingrandita e dominante rispetto alle altre zone.

Fig.14.Daniele, 13 anni.

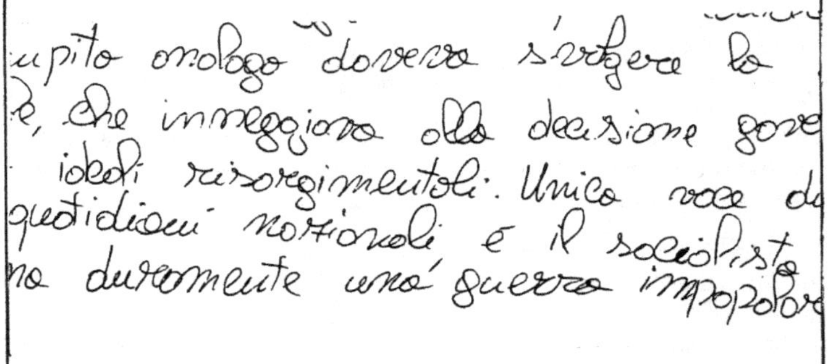

upito orologo "doverra s'ergere la
e, che inneggiano alla decisione gove
ideali risorgimentali. Unica voce de
quotidiani nazionali è il socialista
no duramente una guerra impopolar

Fig.15.Giulio, 13 anni.

tto finisce, io, ora, la terra stessa e è un
sarà la fine? Il nostro problema è il sole
terra, non è una massa tranquilla.
ha una massa enorme che genera una for
teoria, di ridurlo a dimensioni piccolissime.

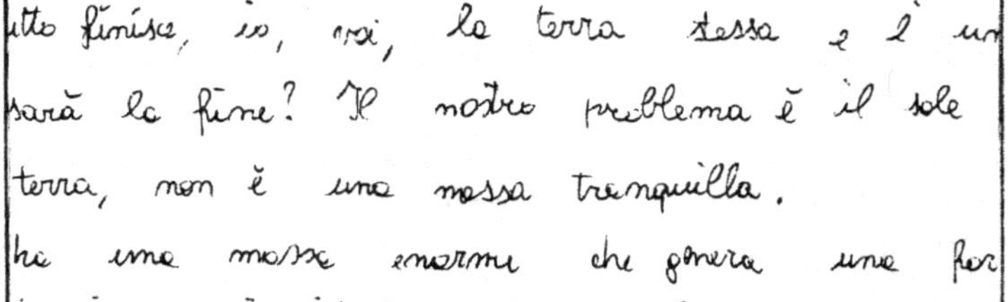

Piccola

Com'è stato accennato nell'introduzione, poiché la carta su cui si scrive rappresenta l'ambiente, chi scrive grande mostra di sentire il proprio Io molto importante e destinato a dominare. Nell'adulto la grandezza giusta non dovrebbe superare i 3 mm di altezza nel corpo scrittura, senza considerare gli allunghi. Per bambini e adolescenti il discorso cambia, infatti, da piccoli si scrive molto grande e, nel corso dell'età evolutiva, la scrittura si rimpicciolisce fino ad arrivare a una misura più o meno stabile. Se ciò non avviene e la scrittura rimane grande, evidentemente siamo di fronte a una personalità con caratteristiche infantili di egocentrismo. Quindi, nel passaggio dalla scrittura grande alla scrittura piccola, corrisponde il passaggio dal bambino all'adulto e tale rimpicciolimento rivela il formarsi di una mente razionale.

Dall'esame delle potenzialità intellettive e del profitto scolastico, risulta di grandezza giusta all'età di undici anni, la scrittura che va da 2,2 mm a 3,2 mm e all'età di dodici-tredici anni la scrittura che va da 1,9 mm a 2,9 mm. Ragazzi che mantengono una scrittura eccessivamente grande spesso trovano penoso e poco gratificante anche studiare perché, come i bambini, cercano di evitare attività troppo impegnative o che richiedano attenzione e concentrazione durature.

Nella nostra indagine, i ragazzi con rendimento scolastico negativo hanno una grandezza media delle lettere pari a 2,5 mm, mentre quelli con rendimento sufficiente o buono è di 2,3 mm. Anche se la differenza può apparire insignificante da un punto di vista numerico, non lo è da un punto di vista grafico e negli esempi riportati si può notare la differenza.

Le Fig. 14 e 15 mostrano il tracciato grafico di una scrittura grande e di una piccola di due ragazzi entrambi tredicenni.

Daniele (Fig. 14) ha una scrittura grande, non solo, ma si può notare come il tracciato grafico proceda riempendo molto il foglio. L'immaturità rilevata informa che siamo davanti a una personalità immatura, infantile, ancora carica dell'egocentrismo tipico dei bambini di sei o sette anni. L'immaturità ha certamente contribuito a creargli problemi scolastici di attenzione e d'impegno.

Giulio (Fig. 15) riempie il foglio in modo armonioso e nel suo scritto è rilevabile un buon equilibrio fra i bianchi e i neri, ossia fra le zone bianche del foglio e le parti scritte. La maturità è rilevabile dal comportamento scolastico razionale e riflessivo e dai buoni risultati conseguiti.

Parca

Parca è la scrittura in cui le lettere sono tracciate col minimo segno necessario a renderne l'essenza (Fig.10). Tale segno rivela un istinto a cogliere l'essenzialità delle cose e delle situazioni e la capacità di raffigurarsi la realtà in modo sintetico e schematico. Mostra capacità di cogliere il significato dei simboli, precisione nell'azione e capacità di arrivare allo scopo senza dispersione di energie. Questa tendenza all'economia dei mezzi mentali e fisici è applicata a tutti gli aspetti della vita, dal pensiero all'azione. Vi è una predisposizione per la matematica e per le scienze esatte.

Al contrario la scrittura esuberante sfoggia una sovrabbondanza di tracciato e indica che la persona è più interessata all'apparenza che alla sostanza, che si cura poco dell'essenzialità delle cose e che esegue tutte le attività in modo poco conveniente. Nel tracciato grafico si notano sprechi di linee e presenza di volteggi inutili. Ogni azione si caratterizza da spreco di tempo, energia e denaro. Se poi questo segno è accompagnato dal carattere "grande", siamo in presenza di una personalità teatrale e artificiosa.

Robusta

Robusta è la scrittura che, indipendentemente dalla pressione della mano sulla carta, mostra un movimento vigoroso (Fig.16), sinonimo di organizzazione vigorosa della psicomotricità scrivente. Questo segno compare nelle scritture dell'età evolutiva con grande frequenza, dove sta a indicare non solo carica vitale, ma soprattutto desiderio di autoaffermazione tipica dell'età infantile. Non è un caso che questo segno si accompagni spesso a una forte pressione del tracciato. Nella popolazione esaminata è presente nel 90% dei casi.

Assume un significato molto importante, invece, l'assenza di tale carattere, ossia la scrittura "snervata" (Fig.17) collegabile, come vedremo, a disturbi anche seri nell'evoluzione delle potenzialità intellettive. La scrittura pare floscia e mostra come uno spegnersi, un lasciarsi andare agli eventi della vita senza reagire, una rassegnazione di chi non ha né voglia né forza di lottare. Può manifestarsi a causa di conflitti ambientali ma anche in caso di problemi psichici.

E' indicativo il fatto che, i dieci casi con scrittura snervata evidenziati in questa indagine, presentino tutti seri problemi di apprendimento.

Scattante

Chi scrive su un foglio rigato si sente obbligato a tenere allineate le basi delle singole lettere. La scrittura scattante (Fig.15) è quella in cui le lettere si discostano dalla linea di base con un movimento rapido, come se scattassero. Questo avviene anche quando si scrive su un foglio bianco poiché, nell'atto dello scrivere, si tende a mantenere la scrittura su un rigo ideale.

Nella scrittura scattante si trovano frequenti balzi sul rigo come se le lettere fossero soggette a uno scatto incontrollabile della mano. Tale segno va valutato in rapporto alle dimensioni della scrittura.

In questo segno è ravvisabile una situazione nervosa sussultoria tendente a far sbalzare dal proprio posto ciò che è allineato.

L'impulso ad allineare regolarmente le cose alla loro base è connesso con una necessità di sicurezza nei riguardi della loro stabilità.

Questa esigenza di sicurezza è profondamente radicata in tutti, perciò lo stimolo che provoca disordine sulla base delle lettere, dimostra una potenza non comune.

Secondo Marchesan, lo scatto moltiplica la capacità di mettere in relazione le cose, favorisce la memorizzazione, conferisce alla personalità una grande capacità di fare paragoni.

Fig.16.Silvia, 12 anni.

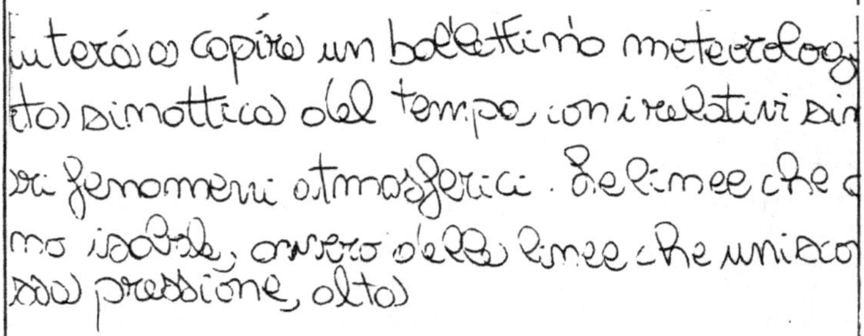

Cercò di capire un bollettino meteorolog[i]
[to] sinottico del tempo, con i relativi sim
[su] fenomeni atmosferici. Le linee che [s]
mo isobare, ovvero delle linee che unisco[no]
[una] pressione alta)

Fig.17.Mirco, 13 anni.

[...luci...] e inodore e inodogo sul ugui[...]
in senso negativo non sono un sen[...]
[...]le in senso tosco contrente he [...]
e hano portata su kie e hano [...]
del aqua stia tanjo nel cone le [...]
neto sonore di leta elumi fus[...]

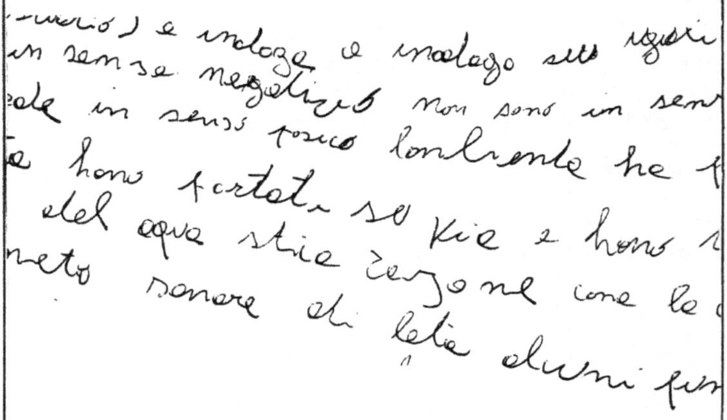

Secondo Bruni, la scrittura scattante rappresenta anche la tendenza a ribellarsi a tutto ciò che rappresenta l'autorità, infatti il modello calligrafico prevede che si scriva senza scatto e chi non lo fa mostra un moto di ribellione. L'origine del segno andrebbe quindi ricercata in un rapporto conflittuale con la figura paterna che rappresenta la prima forma di autorità con cui il bambino viene a contatto.

Nella nostra indagine questo dato è confermato, infatti, il segno si presenta nel 48% dei ragazzi considerati scolasticamente bravi, mentre compare solamente nel 18% dei ragazzi scolasticamente deboli.

Divaricata

La scrittura divaricata è quella in cui le linee discendenti delle lettere n, u, m, i (aste) seguono un percorso diverso dalle linee ascendenti (filetti).

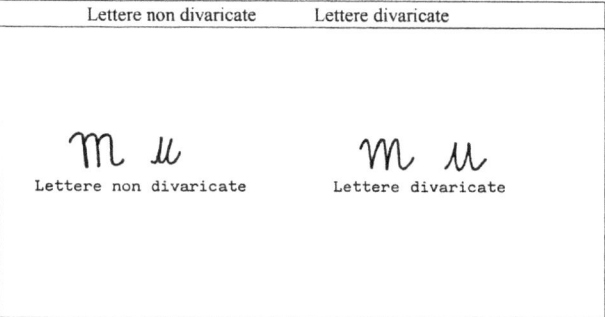

Nel modello calligrafico queste lettere hanno aste e filetti uguali e sono unite, pertanto la presenza del segno denota un impulso a separare le cose che hanno un lato identico, cogliendo in esse un aspetto che le differenzia. Dagli studiosi di grafologia giovanile è considerato come un segno molto positivo. Nella nostra indagine compare nel 33% dei ragazzi bravi e solamente nel 6% dei ragazzi in difficoltà.

Conclusioni

I risultati emersi dall'indagine grafologica dei segni sopra descritti utilizzati per l'osservazione delle capacità intellettive nei preadolescenti effettuata nella popolazione in esame, sono riportati nel grafico della Fig. 18 nel quale sono messe a confronto le frequenze rilevate per ciascun segno considerato. Un segno si considera presente nella scrittura quando compare con un valore uguale o maggiore alle medie comuni espresse in centigradi secondo il metodo Marchesan. Si può notare che i segni grafici che compaiono con maggior frequenza sono robusta, fluida e legata.

Successivamente, nel grafico della Fig. 19, si sono calcolate le frequenze relative dei vari segni in ragazzi considerati appartenenti allo stadio delle operazioni concrete, sia nella fase di comprensione che in quella di applicazione, e allo stadio delle operazioni formali. Effettivamente si può notare una differenza, talora significativa, tra le diverse classi di appartenenza.

La cosa più interessante emerge però dal confronto tra il grafico della Fig. 4 e quello della Fig. 20. Com'è già stato accennato, il grafico della Fig. 4 è stato costruito secondo i dati forniti dai test scolastici dai quali, tra l'altro, non è stato possibile ricavare una classificazione nell'ambito delle operazioni formali per mancanza di dati. La Fig. 20 rappresenta una classificazione più specifica effettuata collocando nella fase della conoscenza i ragazzi che evidenziano nella loro scrittura uno solo dei segni grafici considerati, nella fase di comprensione chi ne evidenzia due, nella fase di applicazione chi ne presenta tre, quattro per la fase di analisi, cinque per la fase di sintesi e più di cinque per la fase di valutazione.

Questa classificazione è giustificata dal fatto che, la comparsa dei vari segni grafici, va di pari passo con lo sviluppo delle abilità intellettive. Appena il bambino impara a scrivere secondo il modello calligrafico, il primo segno che compare tra quelli considerati è il segno "robusta". Questa condizione permane fino ai sette anni di età e siamo indubbiamente nel periodo pre-operativo. Analoghe considerazioni si possono fare per gli altri segni grafici.

Il confronto fra le due distribuzioni nelle Fig. 4 e 20 vede un aumento degli elementi della fascia laterale destra e una corrispondente diminuzione di quelli della fascia intermedia. E' come dire che, secondo i test scolastici, è in possesso di capacità intellettive regolari, il 27% della popolazione, mentre secondo i test grafologici, è in possesso di potenzialità intellettive regolari il 43% dei soggetti esaminati.

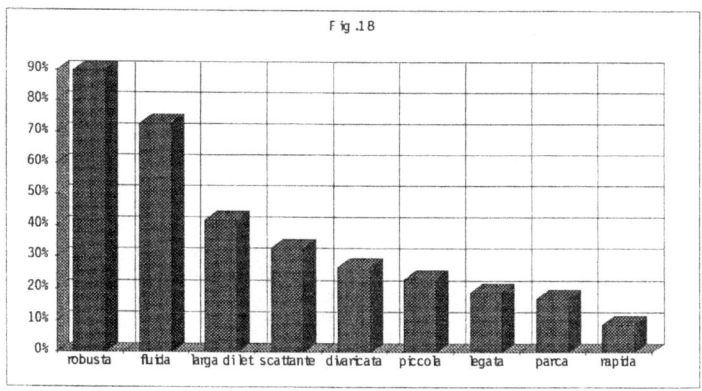

Fig.18.Frequenze rilevate per ciascun segno grafico.

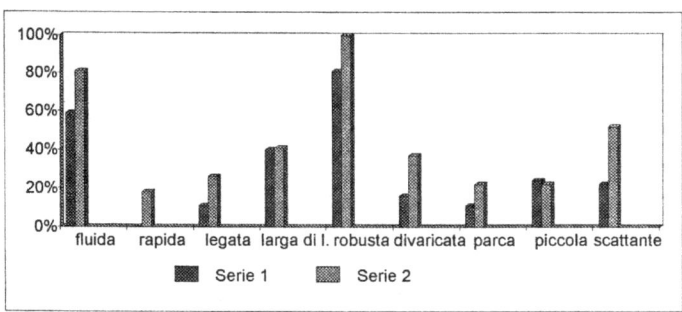

Serie 1: gruppo di ragazzi con profitto scolastico insufficiente.
Serie 2: gruppo di ragazzi con profitto scolastico buono.

Fig.19.Frequenze relative, espresse in termini percentuali, dei segni osservati nei diversi gruppi in esame.

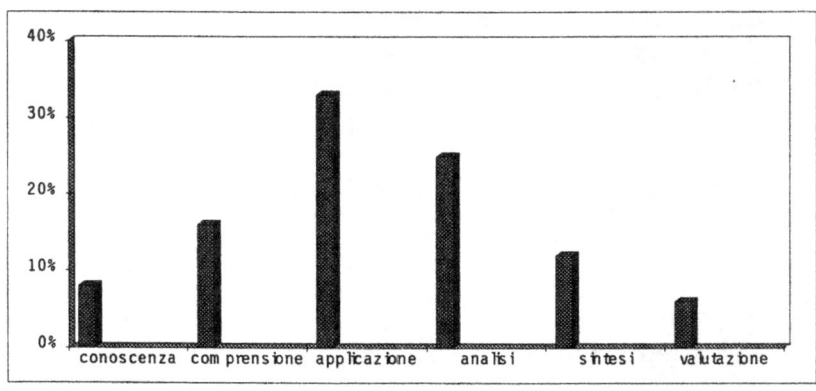

Fig.20.Distribuzione della popolazione in esame secondo le potenzialità intellettive rilevate con il test grafologico.

Ritornando quindi all'importanza della differenza di concetto tra capacità e potenzialità intellettiva espressa all'inizio, si può ipotizzare che nel 16% dei soggetti intervengano fattori di disturbo che impediscono in qualche modo un adeguato sviluppo della personalità, creando situazioni di disagio che si traducono in insuccesso scolastico.

Jenni, dodici anni (Fig. 21), frequenta per la seconda volta la prima media. Le cause della sua bocciatura sono moltepüci: impegno superficiale, metodo di lavoro disorganico, immaturità comportamentale. L'esame grafologico evidenzia subito che la bambina è dislessica: si può infatti notare che, pur conoscendo bene le singole lettere, spesso le omette, le sostituisce, le deforma o ne cambia l'ordine. La dislessia non è una malattia, ma un disturbo del sistema linguistico di scrittura - lettura. Le ipotesi eziologiche sono varie e vanno dal difetto organico alla pura sintomatologia psicogena. Nel caso specifico Jenni è anche balbuziente e c'è probabilmente una relazione tra balbuzie e dislessia. Le potenzialità intellettive sono normali, ma questa incapacità di comunicare adeguatamente l'ha portata a un grave isolamento.

Come può, da sola, mettere a frutto le sue potenzialità al fine di produrre ciò che la scuola vuole da lei? Come può avere quella fiducia in sé che è condizione indispensabile per ogni apprendimento? Come può socializzare se non sa parlare? Non sempre è facile riconoscere disgrafia e dislessia poiché le difficoltà associate sono spesso scambiate per svogliatezza e disimpegno. Per questo Jenni ha frequentato cinque anni di scuola elementare e due anni di scuola media senza che nessuno segnalasse il suo problema. L'analisi della scrittura in questi casi può essere di valido aiuto.

Francesca, tredici anni (Fig. 22), ha frequentato la seconda media ed è stata bocciata a causa del rendimento negativo e dell'impegno superficiale. In effetti, in questo caso il rendimento negativo deve essere attribuito esclusivamente al disimpegno. Le potenzialità intellettive sono buone (fluida, larga di lettere, parca, robusta, piccola) e non si evidenziano particolari fattori disturbanti lo studio. La ripetenza scolastica in questo caso può essere efficace per ridare a Francesca la possibilità di produrre risultati proporzionati alle sue capacità.

Paolo, dodici anni (Fig. 23), ha frequentato la prima media ed è stato bocciato per il suo metodo di lavoro gravemente disorganico e per il profitto negativo. In questo caso, però, le potenzialità intellettive sono piuttosto limitate, dato rilevato dalla sola presenza dei caratteri fluida e robusta, mentre mancano gli altri segni che indicano l'esistenza di buone capacità. In luogo di larga di lettere, parca e piccola, prevalgono i segni contrari, ossia stretta di lettere, grande ed esuberante. Si può prevedere che il ragazzo non trarrà alcun beneficio dalla ripetenza scolastica: per lui servono itinerari di apprendimento differenziati e semplificati perché il suo problema non è il disimpegno, ma la difficoltà di apprendimento.

è sempre stata lo strumento più largamente u
da sola, sia insieme ad altri strumenti musicali
ca europea, prer esempio, si basa su una tra
ini è quasi esclusivamente vocale. Nel medioe
volde era decisamente prevalente. E ovri il
quita senza l'accompagnamento di alcuno strumen
nto in poi, con i melodama la voce viene par
nelle sue molteplici potenzialità espressive e i
mpre più spesso impegnati in parti di grande r
teatro, e non più nelle chiese, essi dovettera ono
chiese per aumentare la proprio potenza sonora. Il
svilupparono gradualmente delle regole in base
i personaggio un certo tipo di voce. Questo è i
l melodramma dell'ottaento; Giacomo Puccini è
famiglia di musicisti. con l'aiuto di uno borso di
versi al corso di composizione presso il conservato
onno 1880 e Puccini viveva in un alloggio in
n il fratello minore e con alcuni altri compagni.

Fig.22.Francesca, 13 anni.

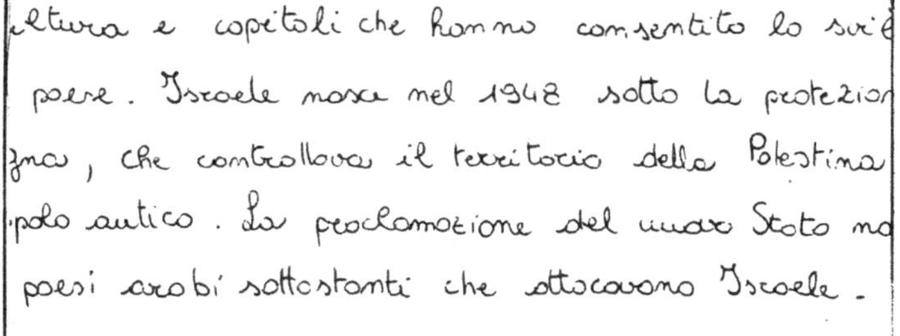

lttura e copitoli che honno consentito lo svié
peere. Israele nosce nel 1948 sotto la protezior
znco, che controllova il territorio della Palestina
polo autico. La proclomozione del nuovo Stoto no
poesi arobi sottostonti che ottocovono Israele.

Fig.23.Paolo, 12 anni.

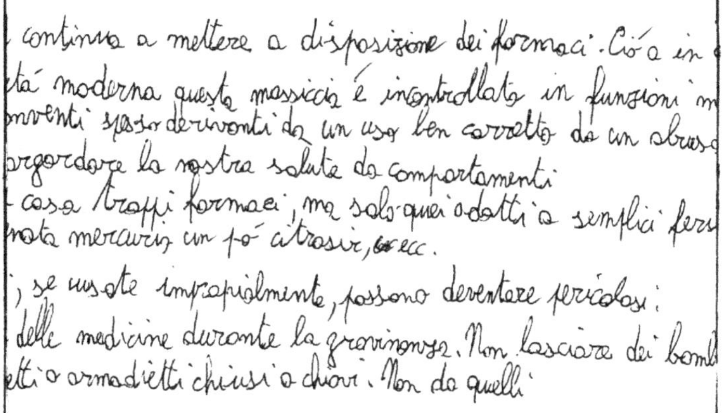

continuo a mettere a disposizione dei formaci. Ciò a in
ta moderna questo massiccia è incontrollata in funsioni m
mventi spostoderivonti da un uso ben corretto da un obuso
orgordore la nostra solute da comportamenti
casa troppi formaci, ma solo quei odatti o semplici feri
nota mercurio un po' atrosiv, ecc.
, se usote impropriolmente, possono deventore pericolasi:
delle medicine duronte la grovinonzo. Non lasciore dei bombi
etti o armodietti chiusi o chiovi. Non do quelli

FATTORI DISTURBANTI LO STUDIO

Per fattori disturbanti lo studio, intendiamo tutti quei fattori psiconeurofisiologici che determinano sviluppi e alterazioni funzionali. Tali fattori escludono traumi fisici o cause meccaniche e rimandano invece a condizioni affettive, emotive e sociali, eccezione fatta per il segno snervata che può essere ricondotto a patologie organiche. In questa categoria rientrano segni grafici che possiamo definire del vissuto, frutto di fattori ambientali ostili che favoriscono insicurezze profonde, sensi di colpa e problemi di disadattamento e di disorientamento. Famiglia e educazione assumono in questo contesto un ruolo fondamentale.
Considerata la frequenza con cui si riscontrano situazioni simili, si può ipotizzare che esse oggi costituiscano segni di un malessere generazionale derivante da problematiche sociali ma soprattutto da errori educativi nell'ambito familiare. A tal proposito si riporta un estratto tratto dagli atti di un convegno della grafologa Isolina Pirani:

"Riscontriamo spesso storie simili in ragazzi con problemi derivati da grossolani errori educativi, e con ciò non ci si riferisce soltanto a gravi privazioni affettive e culturali! E' appena il caso di accennare alla figura delle numerosissime "mamme" che dominano incontrastate la scena nel corso dell'adolescenza e anche oltre nella vita del proprio figlio, oppure casi di genitori che lavorano entrambi, che posseggono idee diverse sull'educazione dei figli, che li riprendono in presenza di estranei o che esaltano le qualità dei fratelli facendo inopportuni paragoni. Non dimentichiamo le figure dei nonni a cui spesso i ragazzi vengono affidati fin dalla più tenera età, che concedono sorridenti quanto i genitori negano, che si divertono alle prime parolacce che i genitori non tollerano, che consolano per il rimprovero subito, creando confusione nel modello guida. Non dimentichiamo nemmeno la mancanza di disponibilità di ritrovarsi insieme per impegni ed interessi diversi dei singoli membri familiari. E poi si segue la televisione, si legge, si usa il computer e non si parla e ognuno vive in un piccolo mondo a sé. Quando ci si accorge dei problemi, per la loro soluzione si delega la scuola, pretendendo il miracolo riparatore ad una vita di incomprensioni e di mute richieste".

L'elevata frequenza di segni grafici di disturbo esprime che tali squilibri hanno sempre origine in seno alla famiglia. Queste condizioni si osservano spesso in giovani spavaldi in ambienti superprotetti e in gruppo, timorosi invece in situazioni nuove, disorientati dagli imprevisti, ansiosi, disimpegnati e distratti da falsi bisogni. Spesso si vedono condizioni familiari difficili in cui emergono situazioni complesse in cui i genitori si rivelano inadatti a trasmettere modelli culturali necessari per un buon inserimento scolastico. Ecco che allora nei ragazzi mancano le motivazioni, lo sviluppo linguistico è scarso, vi sono problemi di strutturazione della personalità.

In questo contesto lo studio grafologico può aiutare gli insegnanti a organizzare programmi di educazione compensatoria, aprendosi su approcci socio - culturali atti ad intendere bisogni quasi sempre nascosti.

I segni grafici che consentono di valutare i fattori disturbanti lo studio sono: snervata, disordinata, allentata, grande, arruffata, costretta, contrastata, titubante, tentennante, stentata. La presenza di questi segni è talmente diffusa ed esplicativa del tipo di malessere e talmente sconosciuta, da disorientare in molti casi anche gli insegnanti che sovente scambiano questi disagi per mancanza d'impegno e buona volontà.

Snervata

Abbiamo già esaminato il segno "robusta", ora esaminiamo nel dettaglio il suo contrario, ossia il carattere "snervata". Nella scrittura snervata (Fig. 17) si può evidenziare un modo floscio e svigorito di tracciare le lettere. Una tale situazione di snervatezza impedisce al soggetto un soddisfacente inserimento nella realtà operativa e affettiva, lo rende disadattato con possibilità di gravi conflitti con l'ambiente, con pericolo di conseguenze nevrotiche e di somatizzazioni. La scrittura snervata segnala un funzionamento fiacco degli automatismi mentali, abulia e apatia, ed è un importante fattore nell'evidenziare disturbi nello studio: quando il segno è presente, il rendimento scolastico è sempre problematico, se poi è presente a livelli elevati, è associato a disturbi psicologici se non addirittura psichiatrici.

Nell'indagine effettuata, il carattere compare nel 10% dei casi, tutti segnalati per difficoltà di apprendimento. Tale segno, pertanto, anche da solo, costituisce un indice di disturbi nell'apprendimento, spesso conseguenti a problematiche familiari ma a volte dovuti anche a fattori genetici. Nella Fig. 17 la snervatezza è presente in massimo grado ed evidenzia la componente genetica di disturbi psichiatrici in un ragazzo portatore di handicap.

Disordinata

La scrittura disordinata (Fig. 24) è caratterizzata dalla mutevolezza dello stile, presenta cioè pluralismo grafico al punto che lo scritto, a tratti, sembra vergato da persone diverse. Tale segno è proiezione di un disordine nell'organizzazione degli impulsi psicomotori. Questo è causato da contraddizioni fondamentali, di natura psicologica e talora anche motoria, che danno alla persona difficoltà di comprendere se stessa e la realtà ambientale, determinando sfasamenti e impossibilità piuttosto gravi di costruire rapporti personali stabili. Ciò è comprensibile se si pensa come il moto scrivente sia strettamente correlato alla propria natura psichica. Ipoteticamente, se gli individui non fossero continuamente sollecitati dall'ambiente, la loro personalità sarebbe sempre identica a se stessa e rifletterebbe solo gli atteggiamenti interiori. Ma poiché l'ambiente esiste, la personalità, secondo la sua costituzione, si atteggia nei riguardi dello stesso più o meno rigidamente o più o meno elasticamente.

Chi ha la scrittura disordinata evidenzia un disordine negli automatismi apprenditivi e nella memorizzazione, confusione nel valutare la realtà e difficoltà nel rapporto con gli altri. L'emotività è elevata, il temperamento è agitato e ansioso ed è caratterizzato da sospettosità e gelosie.

Fig.24.Roberto, 13 anni.

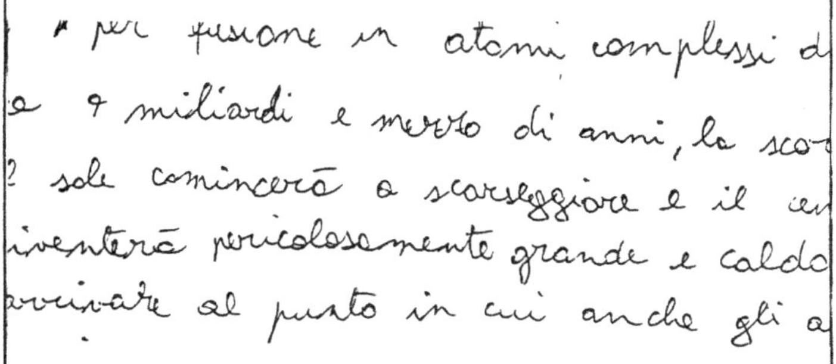

" per fusione in atomi complessi d
e 9 miliardi e mezzo di anni, la sco-
? sole comincerà a scarseggiare e il cen
iventerà pericolosamente grande e caldo
avvicinare al punto in cui anche gli a

Fig.25.Nicola, 13 anni.

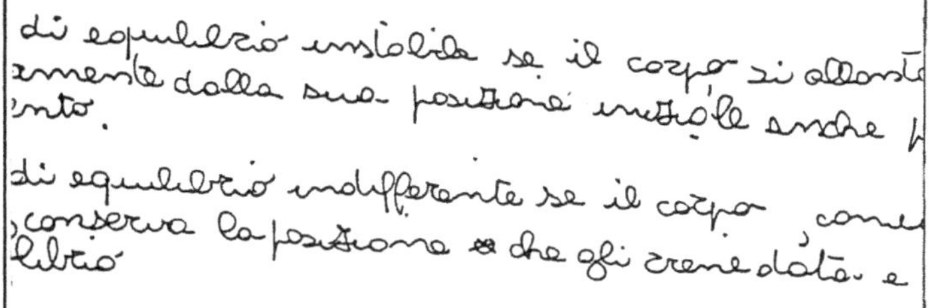

di equilibrio instabile se il corpo si allonta
amente dalla sua posizione instabile anche p
ento.

di equilibrio indifferente se il corpo , come
conserva la posizione che gli viene data e
librio

La presenza di stili diversi riflette una frattura del proprio mondo interiore, nel quale dominano le contraddizioni. Probabilmente la causa è da ricercarsi in un'incoerenza sostanziale nel sistema educativo dei genitori. Trattasi di solito di genitori che non vanno d'accordo e che lanciano ai figli messaggi contraddittori.

Allentata

E' la scrittura in cui vi è un intervallo strascicato tra moto discendente e moto ascendente (Fig. 25). Al contrario, la scrittura in cui il moto discendente è seguito immediatamente dal moto ascendente, è detta "tesa" (Fig. 6). La situazione ideale è rappresentata dalla scrittura che ha caratteristiche intermedie tra quelle sopra citate (scrittura elastica). L'allentatezza è espressione di mollezza nell'azione, di fiacchezza degli automatismi apprenditivi e di pigrizia. Il Marchesan paragona questa situazione a quella di un impianto di forza motrice a tensione troppo bassa rispetto alla necessità della macchina che deve alimentare: la macchina agisce lentamente, non dà il rendimento che dovrebbe e si ferma per incidenti minimi. La scrittura allentata ricorda una corda in uno stato di poca tensione e così si presenta la scrittura di una persona che si trova in uno stato di allentatezza psicofisico.

Nicola (Fig. 25) ha tredici anni e frequenta la terza media. Il rendimento scolastico, in tutto l'arco della scuola dell'obbligo, è stato poco soddisfacente a causa del disimpegno. In realtà le potenzialità intellettive sono adeguate: la scrittura è fluida e legata nei valori medi, è larga di lettere e divaricata, anche la grandezza è regolare. Il rendimento poco lusinghiero è da attribuire a un temperamento lento, flemmatico e poco vivace che rende passiva la sua presenza in classe, allunga i tempi di apprendimento e dà agli insegnanti la sensazione che il ragazzo s'impegni poco, ma anche che non sia dotato di adeguate capacità. In realtà la sua situazione sarebbe facilmente modificabile, basterebbe seguirlo un po' di più a casa. Nei fatti, però, vive una situazione familiare abbastanza comune: la presenza di un fratellino molto piccolo rende la famiglia poco attenta ai bisogni di Nicola, i genitori lavorano entrambi, si interessano poco di problemi scolastici e il tempo concesso al ragazzo è veramente poco. Egli segue così la sua natura pigra e flemmatica, accetta passivamente ciò che gli viene dalla famiglia e dalla scuola, non ha interessi, non pratica alcuna attività sportiva, è taciturno e lega poco con i compagni, non per introversione, ma perché anche mantenere un'amicizia costa fatica. Qui è chiaramente mancata la presenza della famiglia, non è stata data una giusta motivazione allo studio, non è stato guidato a svolgere qualche attività sportiva, non è stato responsabilizzato nell'ambito familiare nel quale si è sempre sentito escluso. Dal canto suo la scuola, da sola, non è in grado di migliorare la situazione perché gli stimoli che sono creati di mattina dai docenti, vengono vanificati appena il ragazzo torna a casa, dove ripiomba nella sua mediocrità.

Grande

Parlando della scrittura piccola, abbiamo visto come nella grandezza della scrittura si rifletta la grandezza con cui il soggetto sente il proprio Io. Dagli undici ai tredici anni la grandezza del corpo scrittura (ossia l'altezza delle lettere senza considerare gli allunghi) non dovrebbe superare i 4 mm. Nelle scritture di calibro maggiore vi è il permanere di un senso di onnipotenza di tipo infantile che talvolta può portare alla sostituzione della realtà con fantasiose convinzioni personali. L'Io ipertrofico è conseguenza di errori educativi che s'identificano nell'incapacità, da parte dei genitori, di dare al bambino dei limiti che gli impediscano di fagocitare tutto l'ambiente circostante come se fosse sua proprietà. In un'età in cui si dovrebbe relazionare in modo consapevole, il soggetto invece manifesta ancora il bisogno di espandersi senza tener conto dei suoi limiti e degli spazi degli altri, esattamente come accade ai bambini di età inferiore. Così com'è esagerato il calibro della scrittura, vi è un'esagerazione del sentimento dell'io, una megalomania che si esprime tanto nel campo intellettivo che in quello affettivo. Il ragazzo con scrittura grande mostra immaginazione, fantasia, autoesaltazione, e conseguentemente anche tendenza alla menzogna, non per mistificazione voluta, ma come conseguenza della necessità di dare sempre un'immagine esaltante di sé. Come ovvia conseguenza la messa a fuoco dei particolari è imprecisa e quindi, essendo debole la traccia nella memoria, subentra la menzogna. Su tutto prevale l'esaltazione del proprio Io e questo lo porta a fuggire da qualsiasi verifica condotta attraverso il riscontro preciso di fatti, cause e conseguenze che lo metterebbero davanti a una realtà ben diversa da quella che lui immagina e vuole. Questi ragazzi non hanno alcuna disposizione per le materie scientifiche. Del resto è facilmente intuibile che, chi nella scrittura mostra tendenza a dare attenzione a cose superflue per la presenza di tracciati inutili, non possa avere un temperamento dedito al rigore e alla precisione che gli studi scientifici richiedono.

Nella presente indagine si è considerata grande la scrittura con altezza delle lettere superiore a 3,2 mm a undici anni e superiore a 2,9 mm a dodici e tredici anni.

Si ritengono di grandezza giusta, a undici anni scritture comprese fra 2,2 e 3,2 mm, a dodici e tredici anni scritture comprese tra 1,9 e 2,9 mm.

Nella popolazione esaminata, il 18% dei soggetti risulta avere una scrittura superiore per grandezza alle medie comuni. La valutazione della grandezza può assumere un significato importante nel contesto generale della scrittura.

Ilaria e Walter sono due ragazzi undicenni con scrittura grande, tuttavia dall'esame grafico risulta che l'evoluzione del loro senso dell'Io è destinata a essere molto diversa.

Ilaria (Fig. 26), pur avendo un forte senso dell'Io, mostra di sapere ascoltare gli altri e di avere, per gli altri e per l'ambiente, il giusto rispetto e la giusta considerazione. Questo è ravvisabile dagli adeguati spazi tra parole e tra righe. La scrittura è complessivamente armonica, tiene il rigo e dà l'idea di riflessione e pacatezza. Si può così dire che il suo egocentrismo è in parte compensato e che si può prevedere un'adeguata maturazione nel giro di breve tempo. A conferma, la Fig. 27 mostra un saggio grafico di Ilaria preso a distanza di sei mesi dal primo: in esso è rilevabile un ridimensionamento nella grandezza della scrittura, segno di un'adeguata maturazione, confermata del resto dai positivi risultati scolastici.

Il senso dell'Io di Walter (Fig. 28) è molto diverso, infatti, alla grandezza delle lettere si accompagna uno scarso spazio tra lettere, tra parole e tra righe: questo informa che siamo in presenza di un egocentrismo molto accentuato. Il ragazzo dipende ancora molto dai genitori e presta poca attenzione all'ambiente circostante. Ci si aspetta che il processo di maturazione di Walter sia lento e faticoso e, in questo contesto, la grandezza della scrittura va considerata come un fattore disturbante lo studio. Un saggio grafico di Walter preso a un anno di distanza dal primo (Fig. 29), evidenzia, infatti, che in un anno la situazione non è molto cambiata, anzi la scrittura appare ancora più grande e gli spazi sono ancora più ridotti. Il rendimento scolastico continua a essere fortemente disturbato dalla scarsa oggettività e da un complesso edipico non ancora risolto (arcuata, occhielli rigirati, interlettera stretta, stretta tra parole, grande).

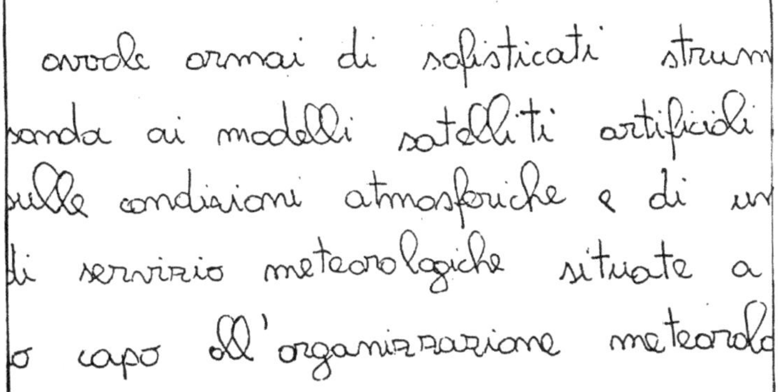
avvale ormai di sofisticati strum
sonda ai modelli satelliti artificiali
sulle condizioni atmosferiche e di un
di servizio meteorologiche situate a
o capo all'organizzazione meteorolo

Fig.26. Ilaria, 11 anni.

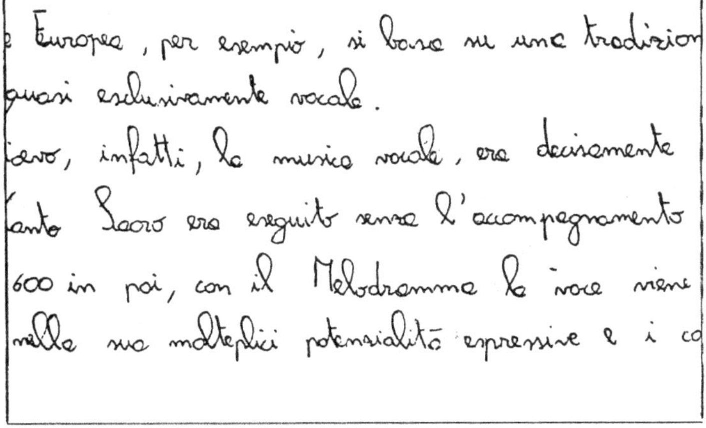
e Europea, per esempio, si basa su una tradizion
quasi esclusivamente vocale.
ievo, infatti, la musica vocale, era decisamente
anto Sacro era eseguito senza l'accompagnamento
600 in poi, con il Melodramma la voce viene
nelle sue molteplici potenzialità espressive e i co

Fig. 27. Ilaria 11 anni.

Fig.28.Walter ,11 anni.

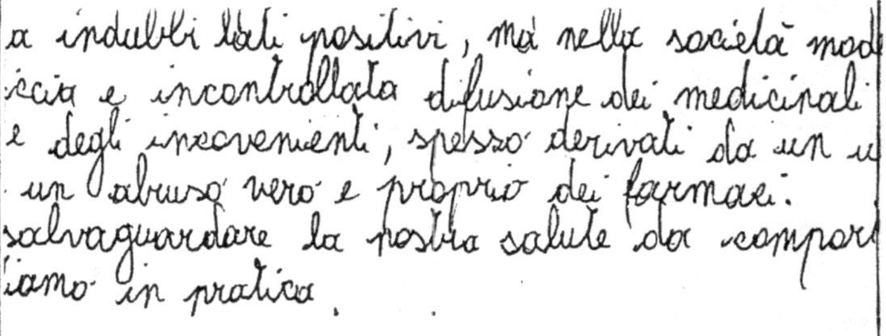

a indubbi lati positivi, ma nella società mod
ica e incontrollata diffusione dei medicinali
e degli inconvenienti, spesso derivati da un u
un abuso vero e proprio dei farmaci:
salvaguardare la nostra salute da compor
iamo in pratica.

Fig.29.Walter 12 anni.

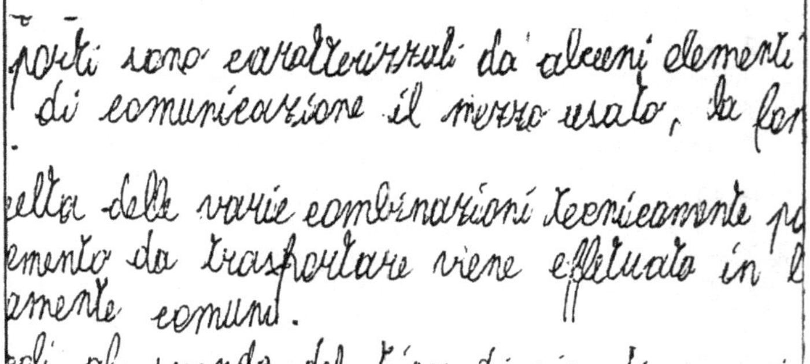

porti sono caratterizzati da alcuni elementi
di comunicazione il mezzo usato, la for

elta delle varie combinazioni tecnicamente p
emento da trasportare viene effettuato in l
amente comuni.
oli al seconda del tipo di via di comunica

Arruffata

Arruffata è la scrittura con frequenti sovrapposizioni tra allunghi inferiori e superiori (Fig. 29) o anche con penetrazioni nel corpo del rigo. Tale segno è proiezione di una tendenza a sovrapporre idee diverse e quindi di una tendenza alla confusione. E' un segno che si trova spesso nelle scritture dei preadolescenti e nella nostra indagine compare con una frequenza del 25%. L'arruffamento può essere presente in alto e/o in basso: secondo Bruni, nell'arruffamento superiore è ravvisabile la sostituzione del proprio mondo interiore con quello degli ideali; è un lasciare troppo spazio al proprio mondo interiore che viene così idealizzato, tanto che in cima ai propri ideali viene a trovarsi la propria vita, il benessere fisico e non si crede ci sia altro d'importante oltre a questo.

L'arruffamento inferiore è l'opposto del precedente, qui è la ragione che va a toccare l'inconscio, infatti, attraverso le aste inferiori, si ha modo di agire razionalmente sulla realtà materiale: la propria natura è soffocata in obbedienza probabilmente a insegnamenti moralizzatori che impediscono la libera manifestazione della propria personalità.

Costretta

Caratteristica essenziale della scrittura costretta è quella di una deformazione tipica e costante (Fig. 30) che dà un'evidente omogeneità alla scrittura, ma che rappresenta non una scelta del soggetto, ma una traumatizzazione persistente che ha determinato avversioni e sensazioni di disagio nei confronti dell'ambiente abituale. Questa situazione comporta la costrizione in forme psichiche anguste e rigidità degli automatismi apprenditivi. Chi ha la scrittura costretta studia con difficoltà, travisa spesso le cose e le idee tendono a essere soggettive e contorte.

Fig. 30.Fabrizio, 13 anni.

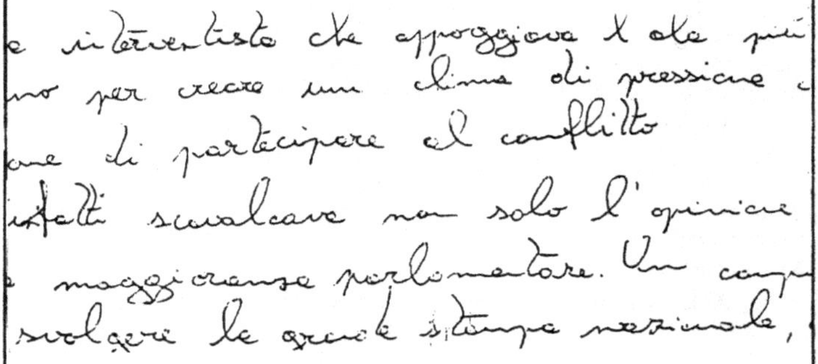
e interventista che appoggiava l'ala più
no per creare un clima di pressione
one di partecipare al conflitto
infatti scavalcare non solo l'opinione
maggioranza parlamentare. Un camp
svolgere la grande stampa nazionale,

Fig.31. Campione di scrittura tratto da Palaferri.

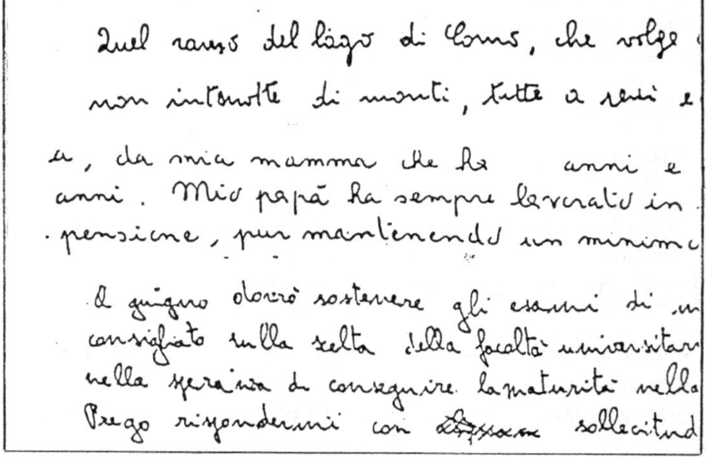
Quel ramo del lago di Como, che volge
non interrotte di monti, tutte a seni e
a, da mia mamma che ha anni e
anni. Mio papà ha sempre lavorato in
pensione, pur mantenendo un minimo
A giugno dovrò sostenere gli esami di
consigliato sulla scelta della facoltà universitar
nella speranza di conseguire la maturità nella
Prego rispondermi con sollecitud

Titubante

Nella scrittura titubante (Fig. 31) si rileva una fortissima incertezza nel procedere verso destra con esitazioni del moto discendente, che arriva anche a manifestare tremolii, che però non sono indispensabili alla manifestazione grafopsicologica. Si può notare essenzialmente un difetto di vigore e di dinamica per incertezza del tracciato: le lettere sembrano ripiegarsi su sé stesse addossandosi vicendevolmente come per sostenersi. A volte, nel procedere lungo la linea ideale di base, le lettere tracciano nelle parole un rigo ondulato.

Le lettere, o generalmente finali di parola, sono completate con un piccolo riccetto debole e insicuro che sporge fuori dall'ovale; anche i tagli t sono brevi e deboli.

Tale segno grafico è proiezione di insicurezza, di timidezza, di una condizione che menoma la spontaneità e la libertà di pensiero e d'azione.

La titubanza attanaglia il soggetto col dubbio, il dubbio costituisce l'abitudine e ciò induce il ragazzo ad apparire meno di quello che vale. Lo svilupparsi di tale carattere dipende dall'educazione avuta o dall'ambiente in cui l'individuo vive: oppressione diretta o indiretta, indifferenza, mancanza di considerazione per i propri bisogni, mancanza di guida, esser costretti a prendere posizione nei disaccordi fra i genitori, sono alcune frequenti cause della genesi di questo carattere.

Tentennante

La scrittura tentennante (Fig. 32) presenta un alternarsi di tratti pendenti in avanti con tratti pendenti all'indietro o di minor pendenza nei due sensi, caratterizzati da sbandamenti di aste allungate sopra e sotto il rigo. Tale variazione può essere saltuaria, interessare gruppi di lettere o intere parole. La scrittura inoltre procede verso destra senza vigore e dinamicità.

I distacchi nei trattini che collegano una lettera all'altra costituiscono un altro aspetto della tentennanza grafologica. Anche questo è un segno d'insicurezza, come il segno titubante. Denota incertezza sulla linea di condotta da adottare, quindi può essere considerato indicativo di un difetto del processo di decisione.

Stentata

Nella scrittura stentata (Fig. 58) vi è mancanza di dinamicità e il moto di formazione delle lettere è incerto, non per esitazione, ma per una difficoltà che la mano incontra nel concretare i segni. La scrittura presenta impreviste e improvvise interruzioni del tracciato, contorsioni, inceppamenti, marcature pressorie, angoli innaturali, biangolature. Il segno stentata ha la stessa natura psiconeurofisiologica dei due segni precedenti. E' una condizione acquisita e costante segno di un adattamento a situazioni di disagio. Può portare a manifestazioni di aggressività. Tra le cause che sono alla base dell'aggressività psicologica, Fromm ricorda l'impotenza e/o la sensazione d'incapacità dopo numerosi tentativi falliti, situazioni che incutono paura, punizioni e frustrazioni continue. L'impotenza vitale può essere anche generata da una situazione di povertà psichica e/o ambientale, come nel caso del campione della Fig. 33. Secondo Cristofanelli "la dinamica della formazione dell'insicurezza è legata alle figure genitoriali e all'esperienza della perdita dell'oggetto. Questa dinamica è particolarmente evidente se teniamo presente la spiegazione simbolica dello spazio e del movimento che i grafologi offrono.

Il procedere incerto di "titubante", il diverso orientamento a gruppi degli assi letterali tipico del "tentennante", lo sbandamento della scrittura non omogenea nell'inclinazione, sono tutte modalità che rimandano al difficile rapporto che si è instaurato con tutto ciò che la sinistra e la destra del foglio rappresentano e simbolizzano: madre-padre, passato-futuro, inattività-attività, introversione-estroversione, diffidenza-fiducia, regressione-progressione."

Fig.32 Gessica, 11 anni.

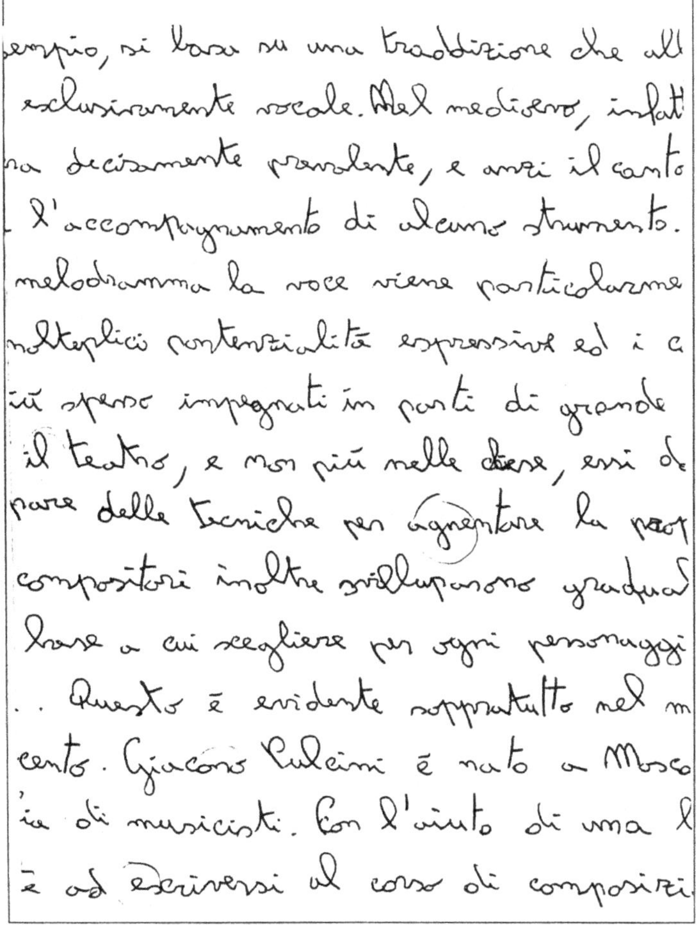

empio, si basa su una traddizione che all
esclusivamente vocale. Nel medioevo, infat
na decisamente prevalente, e anzi il canto
l'accompagnamento di alcuni strumento.
melodramma la voce viene particolarme
molteplici contenzialità espressive ed i c
iù spesso impegnati in parti di grande
il teatro, e non più nelle chiese, essi d
pare delle tecniche per aumentare la peor
compositori inoltre svilupparono gradual
base a cui scegliere per ogni personaggi
.. Questo è evidente soppratutto nel m
cento. Giacomo Puleini è nato a Mosc
ia di musicisti. Con l'aiuto di una l
è ad escriversi al corso di composizi

Conclusioni

Le indagini grafologiche effettuate sulla popolazione in esame, rivelano che il 70% dei ragazzi considerati presenta almeno un fattore disturbante lo studio. Tra l'altro è significativo rilevare che l'assenza di questi segni interessa l'88% dei ragazzi con profitto scolastico sufficiente o buono, mentre l'esenzione dei segni riguarda appena il 5% dei ragazzi con rendimento scolastico negativo. D'altra parte è altrettanto interessante notare come quel 12% di ragazzi che, pur avendo un profitto adeguato presenta qualche fattore di disturbo, ha potenzialità intellettive elevate in grado di compensare in buona parte le cause del disturbo stesso. La frequenza relativa con cui ciascun segno compare nei casi esaminati, è riportata nel grafico della Fig. 33. Invece, nel grafico della Fig. 34 sono riportate le frequenze, espresse in termini percentuali, della presenza dei vari caratteri grafici in ragazzi il cui profitto è considerato sufficiente o buono e in ragazzi il cui profitto è considerato insufficiente.

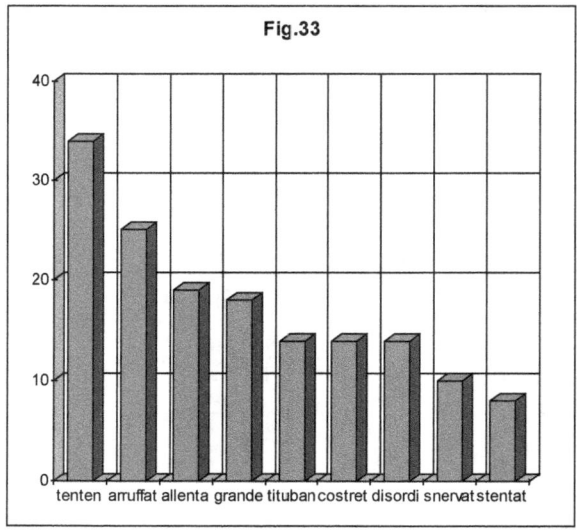

Fig. 33: Frequenza dei segni nella popolazione esaminata

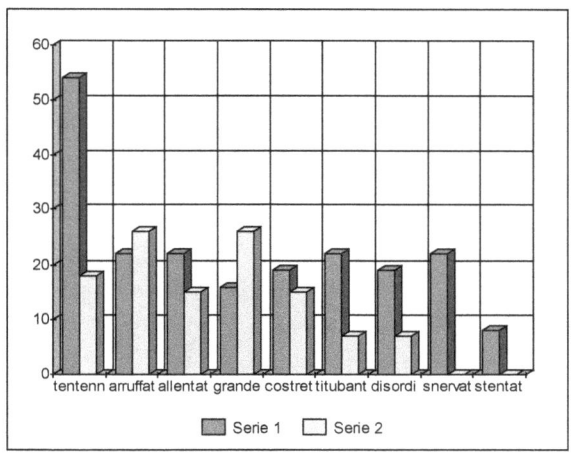

Fig.34: Frequenze relative, espresse in termini percentuali, dei dati osservati nei diversi gruppi in esame.

Serie 1: ragazzi con profitto scolastico insufficiente.

Serie 2: ragazzi con profitto scolastico buono.

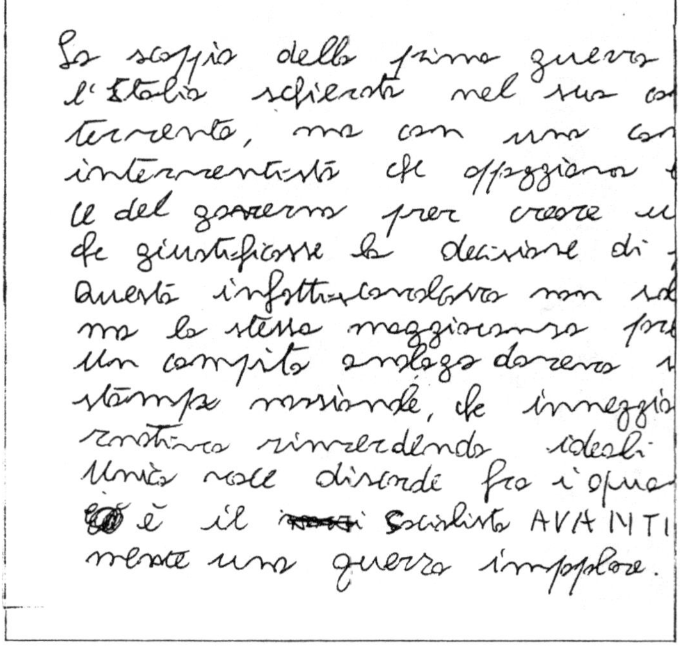

Fig.35.Manuele,13 anni.

Manuele (Fig. 35) ha tredici anni e frequenta la terza media. E' considerato un ragazzo dotato di capacità regolari ma di scarso impegno e il profitto conseguito è appena accettabile.

L'esame grafologico concorda con il giudizio dato dagli insegnanti: Manuele ha potenzialità intellettive adeguate all'età e al corso di studi frequentato. La scrittura è, infatti, fluida, rapida, divaricata e scattante; per la presenza di questi elementi si può affermare che appartiene allo stadio delle operazioni formali, fase di analisi.

L'esame grafologico rivela anche la presenza di tre fattori disturbanti lo studio: la scrittura è un po' snervata, disordinata e allentata. In effetti, il ragazzo è apatico e privo di interessi (snervata). Il disordine grafico svela confusione nel valutare la realtà e difficoltà di instaurare un sereno rapporto con gli altri. La causa di ciò è da ricercarsi in un sistema educativo incoerente e affettivamente complicato. Da qualche anno la madre vive con un nuovo compagno e Manuele non riesce a inserirsi in questa nuova famiglia, è confuso e disorientato (disordinata) e la sua reazione è quella di accettare passivamente ciò che gli accade intorno (allentata). Inoltre ha assunto un atteggiamento di "nascondimento" e di difesa nei confronti delle figure genitoriali (arcuata, occhielli a ruota) e il suo senso di isolamento è aggravato da una forte emotività. Il disimpegno scolastico è la diretta conseguenza di questa situazione familiare affettivamente poco felice e la scuola è sentita da Manuele come poco importante, preso com'è da problemi più grandi di lui.

Christian all'età di dodici anni frequenta la prima media (Fig. 36). Le potenzialità intellettive sono molto limitate, in effetti nella scrittura sono assenti quasi tutti i segni di vivacità intellettuale. Sono invece presenti molti fattori disturbanti lo studio: c'è una snervatezza di origine genetica, ma la scrittura è anche disordinata, grande, titubante, stentata. Sono inoltre presenti segni di ansietà e di paura: la scrittura è esageratamente ritoccata e i bordi del foglio sono eccessivi. La situazione personale, già di per sé grave, è ulteriormente resa difficile dalla situazione familiare che presenta segni di un grave svantaggio culturale. Sembra una situazione sia senza via d'uscita e Christian è destinato a vivere un disagio di fronte al quale ci si sente spesso impotenti. Christian è stato seguito, nell'arco del triennio della scuola media, da un insegnante di sostegno e da un Consiglio di Classe sensibile e attento ai suoi problemi. Il lavoro fatto è stato favorito dalla natura socievole del ragazzo e dalla simpatia e fiducia che gli insegnanti sono riusciti ad accattivarsi.

All'età di quindici anni (Fig. 37) Christian non ha migliorato le potenzialità intellettive, però è riuscito a conquistare una buona capacità di adattamento e di inserimento sociale. La scomparsa dei grandi margini a destra del foglio informano che ha acquistato fiducia in se stesso e negli altri, è più sicuro di sé, sta volentieri con i compagni e manifesta la volontà di frequentare una scuola professionale.

Fig.36.Ghristian,12 anni.

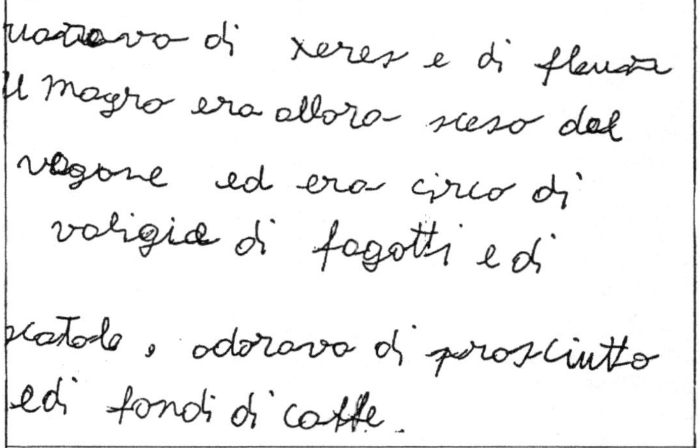

uatravo di xeres e di fleuxa
il magro era allora reso del
vagone ed era circo di
valigia di fagotti e di
xatole, odorava di prosciutto
ed fondi di caffe.

Fig.37.Christian,15 anni.

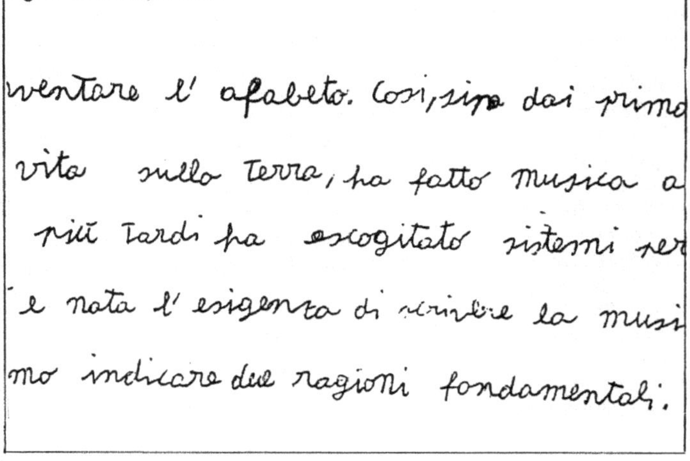

ventare l' afabeto. Cosi, sipa dai prima
vita sulla Terra, ha fatto musica a
più tardi ha escogitato sistemi per
e nata l' esigenza di scrivere la musi
mo indicare due ragioni fondamentali;

DIFFICOLTA' DI SOCIALIZZAZIONE

L'interdipendenza fra fattori cognitivi e fattori affettivi ha fatto sì che, all'interno della scuola si dovessero identificare, in rapporto allo sviluppo e ai suoi stadi, gli obiettivi fondamentali e specifici dell'area socio - emotiva. L'educazione, dunque, non s'interessa solo di apprendimento e delle sue motivazioni, ma anche della formazione sociale dell'individuo. Per dimensione sociale s'intende il saper instaurare in positivo un rapporto con gli altri acquisendo la capacità di interagire con l'ambiente e di offrire aiuto e collaborazione nello stesso momento in cui si chiede agli altri di essere aiutati a cercare la propria via di autorealizzazione. Qui il discorso si fa complesso perché non è facile dare una definizione univoca di "socializzazione" per cui, nella definizione di obiettivi non - cognitivi ognuno tende a dare un'interpretazione personale. Inoltre è ancora più complessa la verifica della misura in cui tali obiettivi siano stati raggiunti poiché tale condizione non può essere indagata oggettivamente. In genere tutto si risolve nel buon senso che esige l'organizzazione comunitaria del gruppo accompagnata dalla richiesta di responsabilità individuale e collettiva. Tutto ciò rientra nel processo educativo quotidiano che si realizza in una scuola, dove però mancano interventi specifici e qualificati nei confronti dei ragazzi che evidenziano qualche disturbo della sfera socio - emotiva. Anzitutto manca una reale intesa tra gli educatori. Intendersi significa anzitutto dare gli stessi significati ai termini che si usano. Basta pensare ai consigli di classe, sede in cui i docenti si trovano di fronte al problema della valutazione, non solo del rendimento cognitivo di un ragazzo, ma anche della maturazione affettiva e sociale: spesso capita che un ragazzo sia ritenuto maturo e ben socializzato da un insegnante e immaturo e con difficoltà di socializzazione da un altro. E' come dire che questo ragazzo ha, dalle ore nove alle dieci, interiorizzato ed organizzato la propria concezione del mondo in un modo, e dalle ore dieci alle undici in un altro. Come minimo una tale contraddizione dovrebbe far riflettere o perlomeno dovrebbe far sorgere l'esigenza di una chiarificazione. E invece ciò non succede, ogni insegnante rimane chiuso nella convinzione di essere nel giusto e pensa in cuor suo che il collega abbia capito poco o niente della personalità del ragazzo. Il problema della socializzazione inoltre, nelle scuole è tenuto ancora in secondo piano rispetto all'acquisizione dei contenuti specifici e diventa degno di considerazione solo nel momento in cui si cerca un appiglio per promuovere un ragazzo il cui rendimento sul piano cognitivo è negativo.

Quando l'ambiente sociale di provenienza è culturalmente deprivato, con grande probabilità si riscontrano situazioni di insuccesso scolastico che attivano non solo atteggiamenti di rifiuto nei confronti della scuola, ma anche reazioni di chiusura, con difficoltà di socializzazione e senso di inferiorità.

Per alcuni allievi studiare è un fatto normale, nel senso che rappresenta l'attività cui si sono dedicati i genitori quando avevano la loro stessa età e cui si dedicano i coetanei a loro socialmente simili: in questo caso la motivazione allo studio è un fattore socio - ambientale.

La situazione è molto diversa per allievi appartenenti a classi sociali culturalmente e/o economicamente deprivate: per essi l'ambiente non è fonte di motivazione allo studio, ma può diventare l'unico fattore responsabile d'insuccessi scolastici, di atteggiamenti di rifiuto e di chiusura, di difficoltà di socializzazione e senso di inferiorità. Infatti, il ragazzo che non ha ricevuto esempio, affetto o gratificazione, difficilmente sa ritrovare la sua giusta dimensione sociale! La scuola può esercitare una forte azione decondizionante se è in grado di richiedere a questi soggetti prestazioni legate alle specifiche capacità dando indicazioni positive sul lavoro da svolgere.

I segni grafici che consentono di individuare la presenza di fattori disturbanti la socializzazione sono: rovesciata, discendente, accorciata, larga tra parole, margini a destra, apici ritorti, aste ritorte, occhielli a ruota. La presenza di uno o più di questi segni è senz'altro in grado di informarci sulla qualità e sull'entità della presenza di un certo livello di disadattamento, però non sempre è in grado di informarci sulle cause che l'hanno determinato. Occorre quindi sapere interpretare i segni in relazione all'aspetto generale della scrittura, ma anche occorre avere il supporto di un'adeguata informazione su alcune situazioni relative all'ambiente socio - culturale di provenienza del soggetto in questione.

Rovesciata

E' rovesciata la scrittura nella quale le aste sono inclinate verso sinistra (Fig. 38). In questo segno si riconosce un'avversione nei riguardi dell'ambiente. Se presente in alto grado è connessa a un danneggiamento dell'affettività e il soggetto tende a essere scontroso, asociale, con comportamenti talora difficili da interpretare. Il grado d'inclinazione è proporzionale al grado di manifestazione del suo significato.

Questo tipo di scrittura è piuttosto diffuso tra i giovani e anche nella nostra indagine compare nel 25% dei casi esaminati, anzi è singolare notare come in 21 casi su 25 trattasi di scritture femminili. Il ragazzo che scrive rovesciato ha un atteggiamento non sempre positivo nei confronti della vita, frutto in parte di una predisposizione caratteriale innata e in parte frutto dell'epoca attuale in cui i giovani hanno poco dialogo con la famiglia e con il mondo degli adulti in genere.

E' un segno indicativo di timidezza e di introversione.

Discendente

Il modello calligrafico non ammette che si scriva salendo o scendendo sul rigo, anzi prescrive che le parole siano tracciate orizzontalmente. La scrittura discendente è quella che scende sul rigo (Fig.17 e 38): in essa è ravvisabile una tendenza a ritirarsi di fronte alle prese di posizione altrui e a rinunciare istintivamente all'affermazione delle proprie esigenze. E' quindi proiezione di un impulso psichico che può essere indicato con il termine di "soccombenza". Anche questo segno è molto frequente nell'età evolutiva, età in cui l'ambiente si fa sentire in modo marcato: tale segno pertanto va tenuto in considerazione solo quando è presente a livelli significativi. Chi ha la scrittura marcatamente discendente ha poca fiducia nella vita, è facile alle prostrazioni, pensa che tutto sia superiore alle proprie forze.

... e cacao, ...
... al punto in cui anche gli atomi di
... erauo a fudersi in atomi ancora più
... comincerà ad espandersi, diventerà ...
... e i suoi strati più esterni si raffredd...
... erficie del Sole diventerà di colar...
... tà una gigante rossa.
... ra del Sole sarà così grande, che la ...
... che raggiungerà la Terra crescerà in p...
... alla sua espansione.
... rima che il Sole raggiunga la su...
... ssima, la Terra sarà bruciata e s...
... sarà rimasta traccia di vita.
... ale sarà la massima dimensione
... i espanderà fino ad avere un diam...

Sara ha tredici anni e frequenta la terza media (Fig. 38). Le potenzialità intellettive sono piuttosto limitate (larga di lettere, robusta), in particolare la memoria è carente e ciò non le consente di elaborare adeguatamente i contenuti culturali specifici delle varie discipline. La scrittura rivela che questa situazione è aggravata da un senso di paura e da scarsa fiducia nelle proprie capacità (discendente), da timidezza e introversione (rovesciata). Sono presenti inoltre segni di impaurimento (notare come alcuni tagli t sembrino nascosti dietro l'asta), dovuti in parte al carattere introverso e in parte ai numerosi insuccessi accumulati.

Accorciata

Gli allunghi sotto il rigo normalmente hanno una estensione verso il basso pari a due volte l'altezza media delle lettere misurate nel corpo scrittura. Lo psichismo localizza nella zona inferiore della scrittura gli interessi materiali e nella zona superiore gli interessi ideali, pertanto gli accorciamenti inferiori indicano restrizione d'interessi nel campo della materialità e gli accorciamenti superiori indicano restrizione d'interessi nel campo della idealità. Questo segno raggiunge il valore massimo quando gli allunghi non sporgono affatto dal corpo della scrittura.

E' un segno che appare con grande frequenza nel corso dell'età evolutiva, per cui deve essere tenuto in considerazione solo quando è presente a livelli significativi.

Angelo Vigliotti ritiene che nell'età evolutiva stia a indicare difficoltà di socializzazione. Paolo Bruni, invece, vede negli accorciamenti una diretta conseguenza di un comportamento materno eccessivamente premuroso, ossia l'esistenza di una madre che nel suo ruolo educativo ha escluso la figura del padre favorendo nel ragazzo non solo una situazione di chiusura verso il mondo paterno, ma anche di chiusura d'interessi verso la società. Ciò inculca nel ragazzo anche la sensazione di poter vivere senza fatica, in quanto la madre provvede a far trovare al figlio sempre tutto pronto. Questa serie di comportamenti influisce negativamente sul profitto scolastico, perché portano il ragazzo non solo a fare ciò che gli piace, ma anche a non sentire alcuna necessità di avere dei valori ideali.

Tale segno si riscontra anche nella scrittura di Jenni (Fig.21), dove sta a evidenziare la difficoltà di socializzazione.

Fig.39.Toni, 14 anni (da Silvio Lena).

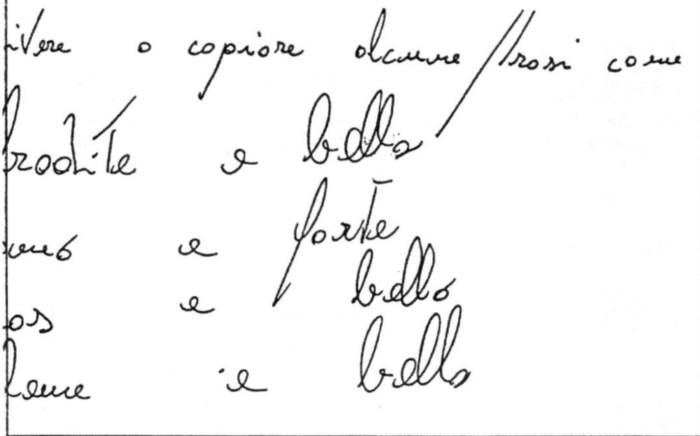

Fig.40.Mirco,11 anni.

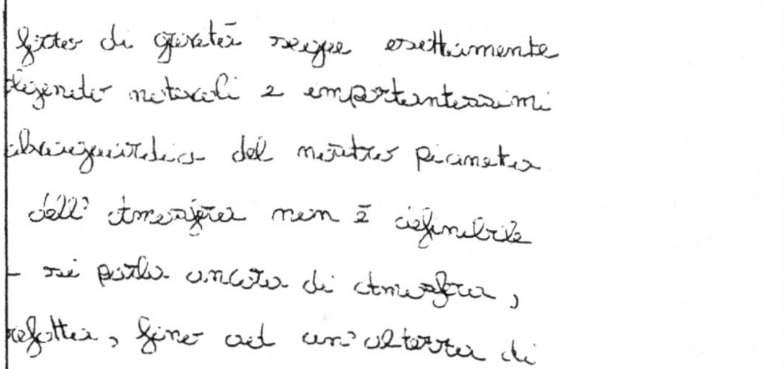

Nella nostra indagine il segno compare a livelli significativi nel 23% della popolazione.

Larga tra parole

Secondo Marchesan, l'attività dell'Io ha tre momenti: ricezione, rappresentazione ed elaborazione della realtà ambientale. Il segno "larga tra parole" corrisponde alla fase di elaborazione che consiste in un'analisi dei fatti gioiosi e dolorosi che accadono intorno con conseguente spinta a correggere i particolari della realtà che provocano dolore. Il moto della mano sulla carta senza tracciamento di parole, ossia l'attimo in cui, fra una parola e l'altra si stacca la penna dal foglio, è una perlustrazione dell'ambiente senza azione sullo stesso, ossia solo a scopo informativo. Naturalmente il bisogno di visione della realtà è in rapporto con la dinamica della persona: più dinamica è la persona e maggiore è questo bisogno.

L'ampiezza media dello spazio tra lettere dovrebbe essere pari a circa tre volte la larghezza media degli occhielli; se la scrittura presenta spazi più ampi viene detta "larga tra parole" (Fig. 39). Questo segno indica che la persona riesce a valutare criticamente l'ambiente e che sa aprirsi agli altri, tuttavia se lo spazio è eccessivo, diventa indice di isolamento, di difficoltà nei rapporti con gli altri e di autolimitazione.

Margini a destra

Si è più volte accennato come, nell'occupazione integrale del foglio, è proiettata la tendenza a muoversi con disinvoltura e sicurezza nell'ambiente. Nelle scritture eccessivamente marginate a destra (Fig. 40) si intuisce impaccio e disagio: il soggetto prova un riguardo ansioso nei confronti dell'ambiente e tende a restringersi nei propri limiti. Fondamentalmente vi è paura di andare verso il futuro, è una sensazione di non riuscire a portare a termine le proprie esperienze. Questo atteggiamento è conseguenza di ripetute esperienze spiacevoli, per cui il soggetto tronca prematuramente ogni iniziativa per paura di soffrire o per non subire critiche continue del proprio operato. E' un segno che si trova piuttosto frequentemente nell'età evolutiva, per questo la sua intensità e la sua durata nel tempo vanno valutati attentamente.

Il persistere marcato del segno si trova in ragazzi che tendono a concludere poco a scuola e che mostrano di non voler maturare.

Mirco ha dodici anni, frequenta la prima media (Fig. 40) e ha alle spalle un anno di ripetenza scolastica. L'esame grafologico rivela che le potenzialità intellettive sono piuttosto limitate (larga di lettere, piccola, robusta) e lo possiamo collocare nello stadio delle operazioni concrete, fase di applicazione. Inoltre sono rilevabili due fattori disturbanti lo studio espressi dalla presenza dei segni titubante e tentennante; da ciò possiamo dedurre l'esistenza di un forte stato di insicurezza da ricercare in una situazione familiare che lo vede ultimo e non desiderato tra i fratelli. Mirco soffre perché sente intorno a sé indifferenza, percepisce che i suoi bisogni non sono tenuti adeguatamente in considerazione e gli manca quel calore e quell'affetto di cui necessita. Tutto ciò lo ha reso insicuro e sfiduciato. Infine anche la scuola lo ha punito per la sua incapacità, facendolo sentire ancora più piccolo e ancora più incapace (margini a destra).

Apici ritorti

Il segno consiste in una violenta distorsione delle aste delle t e delle d (Fig. 30 e 41), proiezione di forti avversioni di origine inconscia nei riguardi dell'ambiente. Sono manifestazioni di paure, timori, fobie e incubi che generano un atteggiamento di difesa irrazionale, creando diffidenze e tensioni.

Nell'indagine effettuata il segno compare nel 12% dei soggetti esaminati, con una frequenza tripla nei maschi rispetto alle femmine.

Fig.41.Denis,12 anni.

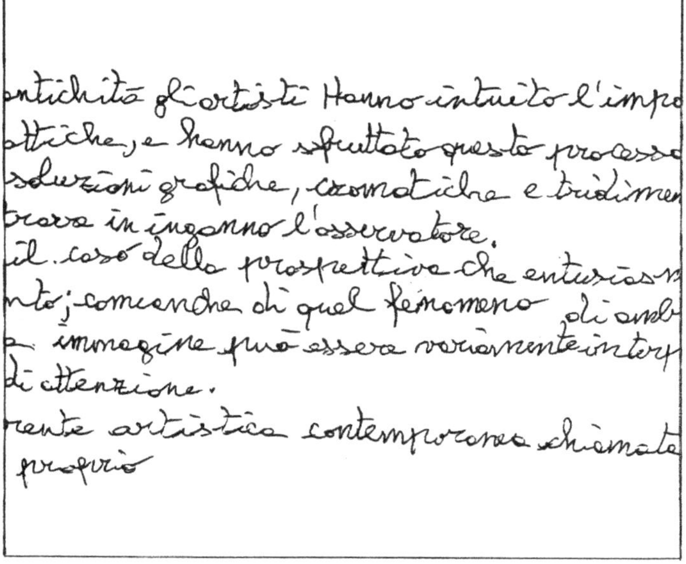

Aste ritorte

Il segno si evidenzia quando i tratti discendenti degli allunghi verso l'alto vengono tracciati con una convessità verso destra (Fig. 42) segno che alle pressioni dell'ambiente il soggetto non solo s'irrigidisce, ma risponde contrattaccando. Tale segno compare già in terza elementare con frequenza altissima, dove assume un significato di formazione e di autopadronanza. Quindi, mentre negli adulti il rapporto ottimale tra aste rette, curve e ritorte è rispettivamente del 55%, 35%, 10%, nell'età evolutiva questo rapporto cambia, per cui può essere considerata normale una percentuale di aste ritorte che arriva fino al 20%.

La presenza del segno oltre i valori medi (Fig. 14) rivela la presenza di repulsioni, di tendenza a rigettare da sé le idee altrui. Chi ha questo segno è diffidente e scontroso.

Nell'indagine effettuata, compare nel 21% dei casi.

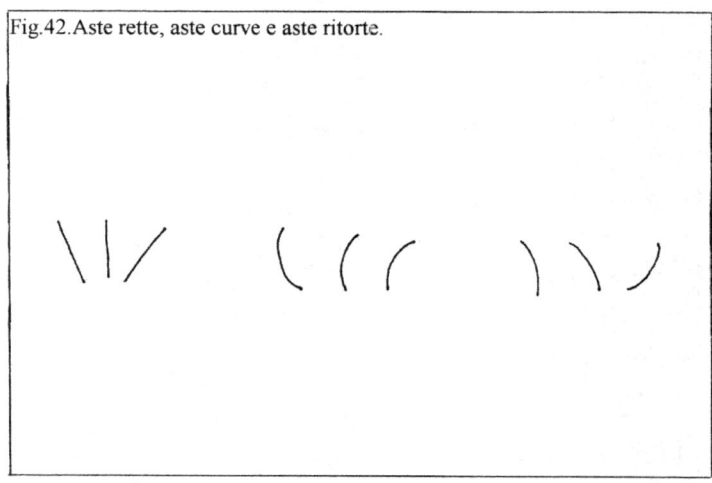

Fig.42.Aste rette, aste curve e aste ritorte.

Elisa ha dodici anni e frequenta la seconda media (Fig.43). Le potenzialità intellettive sono buone (fluida, larga di lettere, piccola, parca, robusta) e non si evidenziano fattori disturbanti lo studio: tutto ciò è confermato dal buon rendimento scolastico. Tuttavia Elisa parla poco, lega poco con i compagni e con gli insegnanti ha un rapporto di diffidenza. Questa difficoltà di socializzazione è rilevabile dall'esame grafologico: la scrittura presenta aste ritorte, apici ritorti ed è rovesciata. Si può notare anche la mancanza di filetti negli allunghi superiori, che evidenziano difficoltà di dialogo con gli adulti e rifiuto dell'affettività.

Fig.43. Elisa, 12 anni.

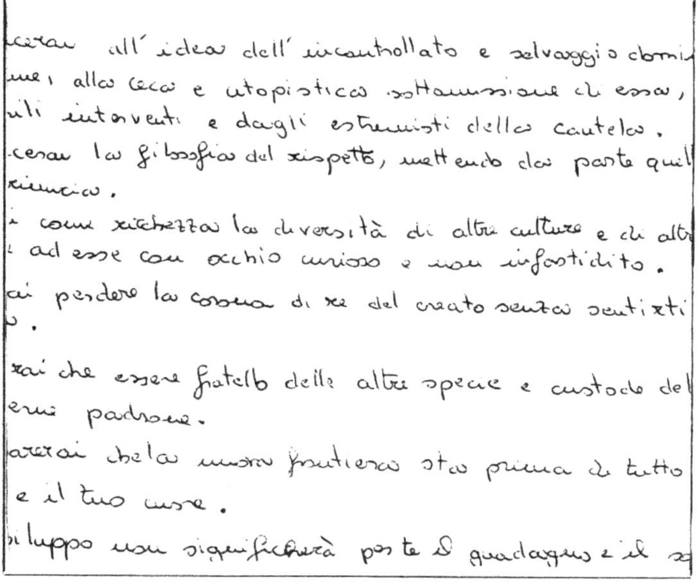

Occhielli a ruota

Il carattere è visibile nel campione della Fig. 35, dove gli occhielli delle o, a, d, g, sono tracciati con andamento inverso rispetto a quello previsto dal modello calligrafico.

Questo scostarsi da quanto prescrive il modello calligrafico mostra un'ansietà di formare un tracciato schermante sulla sommità delle lettere e rivela un inconscio nascondimento nei confronti degli adulti. E' anche indice d'insicurezza.

Federico ha dodici anni e frequenta la prima media (Fig. 44). Le capacità sono considerate molto limitate e i risultati scolastici sono decisamente negativi. La partecipazione alla vita scolastica è passiva, parla poco con compagni e insegnanti, il suo impegno è costante ma nonostante ciò non riesce a produrre alcun risultato

77

significativo. Anche la memoria è giudicata carente e il suo metodo di lavoro è confuso e disorganico.

L'esame grafologico rivela che le potenzialità intellettive di Federico sono regolari rispetto all'età e al corso di studi frequentato e si può considerare appartenente allo stadio delle operazioni formali, fase di analisi (fluida nei valori medi, piccola, larga di lettere, robusta). Come fattore disturbante lo studio è presente, anche se in misura lieve, il segno arruffata, indice di una certa confusione di idee. Il problema fondamentale di Federico però sta nella difficoltà di socializzazione, come si può notare dalla presenza di numerosi segni specifici: la scrittura è lievemente rovesciata, ha aste ritorte e occhielli a ruota. E' evidenziabile così la mancanza di un rapporto equilibrato con gli altri, caratterizzato da comportamento apatico e da dipendenza. Il ragazzo appare disorientato di fronte al modo di essere dei compagni e comunica con difficoltà. Si può senz'altro supporre che siano le difficoltà di socializzazione a rendere il profitto scolastico di Federico tanto disastroso, eppure la sua condizione non è mai stata considerata sotto questi termini, tanto che nelle programmazioni di classe non si accenna mai a questa difficoltà.

All'età di quattordici anni lo incontriamo in terza media (Fig.45) e la situazione, dal punto di vista del profitto scolastico, permane disastrosa. Anche dal punto di vista della socializzazione la situazione non è migliorata: nella scrittura, i caratteri rilevati due anni prima (Fig. 44) si accentuano e a tratti compare il segno "larga tra parole" che rivela l'ulteriore isolamento del ragazzo.

Compare anche un segno inquietante: si può notare infatti la frequente omissione di lettere dovuta non a un eccesso di dinamica, ma a un contrasto tra la velocità del pensiero e un difetto di dinamicità del moto scrivente. Questo segno è conseguenza di confusione mentale, da cui scaturisce l'illusione di aver già scritto le lettere che invece sono state omesse. Possiamo senz'altro considerare questo segno rappresentativo di disturbi piuttosto seri della personalità, disturbi certamente non estranei alla difficoltà di socializzazione.

Conclusione

Nell'indagine effettuata il segno compare nel 12% dei casi esaminati. La presenza di uno o due fattori indicanti difficoltà di socializzazione è abbastanza comune nell'età evolutiva, tanto è vero che almeno un segno è riscontrabile nel 75% della popolazione esaminata.

In questo caso si può parlare di timidezza e anche di una certa diffidenza verso il mondo degli adulti, che è caratteristica della preadolescenza. Occorre però precisare che non tutti i segni indicati hanno la stessa rappresentatività: i segni rovesciata, accorciata, occhielli a ruota, sono senz'altro indice di introversione, mentre gli altri sono più indicativi di situazioni di disadattamento sociale.

Il grafico della Fig. 46 indica la frequenza con cui compare ciascun segno nella popolazione esaminata.

Il grafico della Fig. 47 indica invece la frequenza del segno, espressa in percentuale, nel gruppo dei ragazzi che produce un profitto buono o sufficiente e in quello di ragazzi che produce invece un profitto negativo.

Si può notare che questi segni compaiono con frequenza quasi sempre doppia nei ragazzi con problemi di rendimento scolastico.

Fig.44.Federico,12 anni.

Fig.45. Federico, 14 anni.

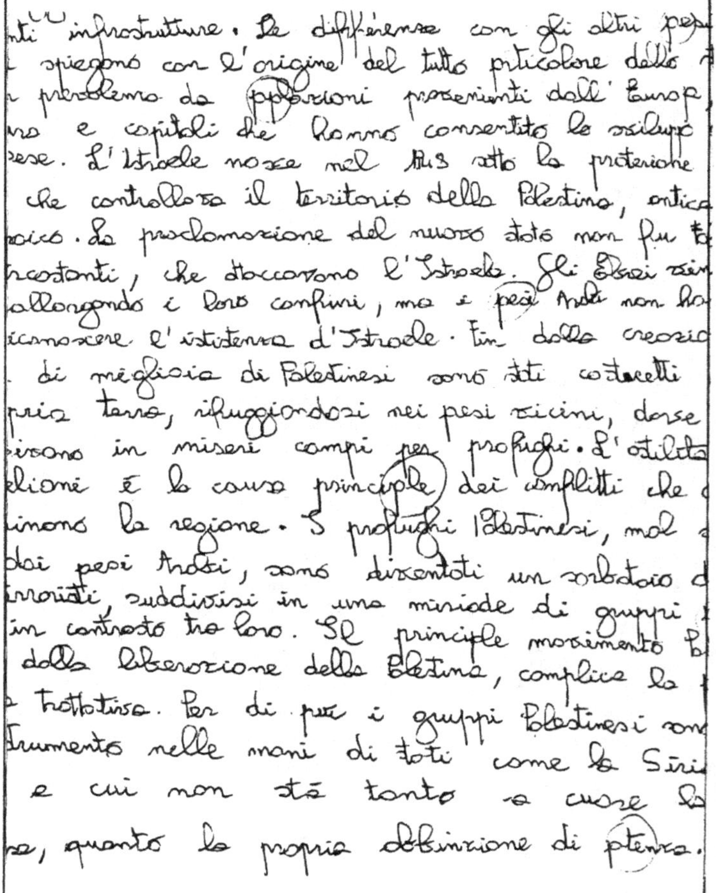

...infrastrutture. Le differenze con gli altri pae...
...spiegano con l'origine del tutto particolare dello ...
...problema da ...zioni provenienti dall'Europ...
...no e capitali che hanno consentito lo svilupp...
...ese. L'Israele nasce nel ...s sotto la protezione...
...che controllava il territorio della Palestina, antic...
...ico. La proclamazione del nuovo stato non fu ...
...restanti, che staccarono l'Israele. Gli Ebrei ...
...allargando i loro confini, ma i pae... Arabi non ha...
...iconoscere l'esistenza d'Israele. Fin dalla creazio...
...di migliaia di Palestinesi sono stati costretti...
...pria terra, rifuggiandosi nei pesi vicini, dove...
...vivono in miseri campi per profughi. L'ostilità...
...lioni è la causa principale) dei conflitti che ...
...inano la regione. I profughi Palestinesi, mal ...
...dai pesi Arabi, sono diventati un serbatoio d...
...irroristi, suddivisi in una miriade di gruppi ...
...in contrasto tra loro. Il principale movimento ...
...della liberazione della Palestina, complice la ...
...trattativa. Per di più i gruppi Palestinesi son...
...trumento nelle mani di stati come la Siri...
...e cui non sta tanto a cuore la ...
...se, quanto la propria affermazione di potenza.

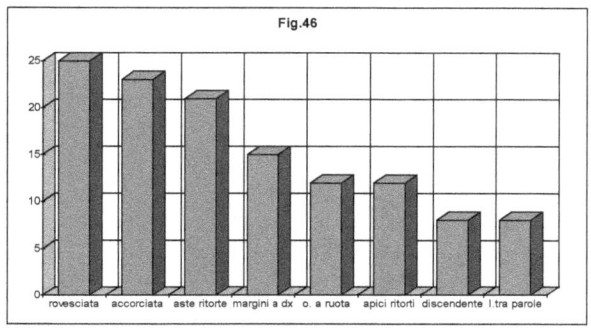

Fig. 46: Frequenza con cui ciascun segno compare nella popolazione esaminata.

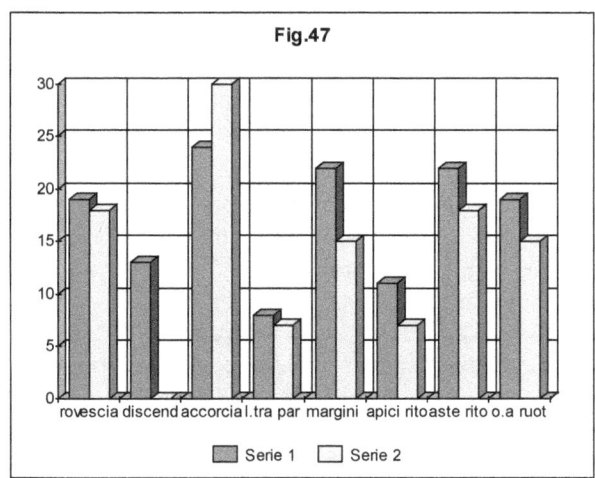

Fig. 47: Frequenze relative dei dati osservati nei diversi gruppi in esame. *Serie 1*: presenza del segno nel gruppo di ragazzi con profitto scolastico insufficiente. *Serie 2*: presenza del segno nel gruppo di ragazzi con profitto scolastico buono.

GRADO DI EMOTIVITA'

L'emotività è una sensazione puramente personale, infatti, di fronte alle diverse situazioni, ognuno reagisce in modo diverso secondo la propria sensibilità e il proprio carattere. Generalmente si definisce emotiva una persona che manifesta reazioni affettive intense, in cui i sentimenti di gioia, tristezza, collera, paura, sono vissuti in maniera forte, con profondo turbamento della coscienza e con manifestazioni esternamente rilevabili, quali aumento del battito cardiaco, aumento della frequenza respiratoria, sbalzi di pressione sanguigna, ecc. A ogni sensazione corrisponde uno o più segni grafici particolari di non facile classificazione e interpretazione perché insicurezza, emotività, inquietudine, ansia e angoscia sono tutti fattori tra loro strettamente correlati. Ad esempio, il segno "aste assottigliate" va interpretato diversamente a seconda dell'intensità con cui compare, così se la sua presenza è saltuaria può essere indice di emotività, ma se è presente con frequenza elevata è sinonimo di angoscia.

Possedere un moderato grado di emotività è un fattore positivo, che arricchisce la personalità aumentandone la coscienza di sé ed il modo di sentire. Quindi, l'emotività di per sé non è un fenomeno patologico, bensì un aspetto generale dell'individuo, però se è troppo forte può avere conseguenze negative.

Nel corso dell'età evolutiva l'emotività è una caratteristica di frequente riscontro e la sua presenza assume sempre un valore significativo in quanto, a questa età, l'emotività è difficilmente controllabile e la sua presenza incide sempre negativamente sull'apprendimento. Ci si chiede, da un punto di vista educativo, come la scuola possa intervenire a dare a questo sentimento il giusto equilibrio. Se si volesse cercare un obiettivo socio - emotivo, questo va senz'altro cercato, secondo C.K. Kamii, nella realizzazione di una buona identificazione con l'insegnante, in quanto la dipendenza emotiva permette al ragazzo di interiorizzare le attese degli altri e di comportarsi in modo autonomo attraverso il desiderio di riuscire.

I segni grafici usati per individuare la presenza di emotività sono: aste assottigliate, tagli t assottigliati, tagli t corti, tagli t declinanti, contorta, disordinata, tesa.

Aste assottigliate

In tale segno, le linee discendenti iniziano con un certo spessore, che però va man mano diminuendo verso il basso (Fig. 11 e 28).

L'assottigliamento delle aste è dovuto a un impulso di trasalimento che porta a ritirare la mano dalla carta. Questo è un riflesso difensivo dovuto a una sensazione di pericolo. L'assottigliamento è regolare se riguarda le vie del sentimento, ossia le linee ascendenti (filetti), ma le linee discendenti (aste) sono rappresentative della volontà, perciò in esse ogni assottigliamento è da considerarsi indice di vulnerabilità, arrecante un grado di sofferenza non corrispondente a motivi reali, ma agente ugualmente in senso depressivo. Tale vulnerabilità produce ansia e angoscia. Tutto ciò conferisce alla personalità una sensibilità eccezionale che fa sentire aggressivo e dannoso ciò che non lo è, che induce a vedere nemici dove non ci sono e che porta spesso a reazioni spropositate. Secondo il Marchesan la vulnerabilità è prevalentemente costituzionale, cioè di origine prenatale, dovuta probabilmente a una situazione di ansietà abituale della madre.

Quando questo segno è presente, occorre sempre ricercarne le cause, poiché è un segno allarmante di interiorizzazione dell'ansia nella sua forma più grave (angoscia).

Nella popolazione in esame il segno compare nel 14% dei casi.

Tagli t assottigliati

I tagli delle t proiettano vari aspetti della personalità dello scrivente attraverso la lunghezza che assume, la posizione, la forma e l'inclinazione.

Nelle Fig. 11 e 35 si nota un frequente assottigliarsi del taglio delle t, la cui origine è la stessa di quella vista per le aste assottigliate, ossia trattasi di un trasalimento e quindi di una manifestazione di paura. Però in questo caso il trasalimento si manifesta nella parte alta della scrittura, ossia nella zona intellettuale che, per il carattere di sensibilità, è affine al sentimento. Pertanto la presenza dell'assottigliamento non è così grave come lo è quando si manifesta nelle aste, che sono le vie della volontà. Così secondo Marchesan, occorrono tre tagli t per avere lo stesso effetto di un'asta assottigliata.

Nella nostra indagine il segno compare nel 45% dei casi esaminati.

Tagli t corti

Normalmente, qualunque sia la lunghezza del taglio della t, esso viene tracciato all'incirca con lo stesso impiego di tempo. E' evidente quindi che il taglio t lungo deve essere tracciato con impeto e pertanto questo movimento rivela una forte dinamicità verso destra, ossia verso il destinatario, e si manifesta nella parte alta della scrittura, ossia nella zona dell'idealità. Nel taglio t lungo è quindi mascherata una focosità difensiva di tipo verbale. L'estensione minima del taglio delle t (Fig. 10 e 23) è segno di una sensibilità morbosa per la quale il soggetto, quando si trova in situazioni critiche (esami, interrogazioni, situazioni impegnative in genere), subisce una paralisi del pensiero e della parola che gli provoca un ammutolimento.

Nell'età evolutiva i tagli t sono espressione di una presa di coscienza che si estrinseca con focosità verbale, polemiche e appoggio passionale alle proprie idee. Il taglio t corto, se non è accompagnato dalla presenza di altri segni indicanti emotività, può essere semplicemente espressione di una certa timidezza, quando invece è eccessivamente corto e magari anche assottigliato ed è accompagnato da fattori disturbanti lo studio o difficoltà di socializzazione, va valutato diversamente.

Tagli t declinanti

I tagli t declinanti (Fig. 23 e 24) consistono in una perdita della tensione muscolare, così che il taglio non viene tracciato in modo rettilineo come è previsto dal modello calligrafico, ma inclinato verso il basso. Tale perdita di tensione è dovuta ad uno svigorimento nella zona dell'idealizzazione e perdita dunque di fiducia in se stessi. Anche questo segno va interpretato in relazione alla presenza di altri segni.

Torniamo alla scrittura di Elisa (Fig. 43).
Abbiamo visto che le potenzialità intellettive sono buone (fluida, larga di lettere, parca, piccola, robusta), che non presenta fattori disturbanti lo studio, ma che invece ha difficoltà di socializzazione (aste ritorte, apici ritorti, rovesciata).

L'esame grafologico evidenzia anche una forte componente emotiva. Sono infatti presenti aste assottigliate e tagli t assottigliati che rivelano una vulnerabilità costituzionale. I tagli t corti e i tagli t declinanti informano che timidezza ed emotività non consentono di gestire con disinvoltura le interrogazioni che sono appena sufficienti, a differenza dei compiti scritti nei quali i risultati prodotti sono ottimi.

Dunque Elisa, quando deve affrontare un'interrogazione, anche se ha studiato ed è preparata, è bloccata dalla forte emotività.

Contorta

Nella scrittura contorta si osserva un contorcersi degli assi delle lettere che variano la loro inclinazione in modo irregolare spostandosi a destra e a sinistra. (Fig. 23). E' la scrittura che non riesce a mantenere il parallelismo fra gli assi e rivela ansietà, preoccupazioni, esigenza di chiarezza. Si vorrebbe avere una risposta a tutto e predomina l'esigenza di poter classificare tutto in modo chiaro. Questo stato si manifesta nella fase esecutiva delle azioni per un forte bisogno di sicurezza per cui, chi ha questo tipo di scrittura, non è mai contento, esamina e riesamina le cose, e proprio per questa forma ansiosa d'insicurezza vi è tendenza alla litigiosità poiché l'ansia, per essere placata, esige che il soggetto senta di avere sempre ragione. L'esistenza di questo segno grafico non ostacola l'azione, come invece accade nella scrittura titubante o stentata, ma si accompagna a uno stato ansioso che costringe il ragazzo a continui controlli al fine di acquisire la certezza che tutto proceda regolarmente. Il segno evidenzia dunque una situazione di ansietà persistente che porta a disturbi piuttosto seri.

Nell'età evolutiva l'ansia può essere comunicata al bambino dalla madre oppure dall'ambiente scolastico, certo è che comunque il segno compare precocemente ed evidenzia un aspetto del carattere difficile correggere. Chi presenta questo segno ha bisogno di sicurezza, è sempre alla ricerca di basi solide su cui appoggiarsi e ogni accadimento rappresenta fonte di apprensione.

Fabiana (Fig. 48) ha 11 anni e frequenta la prima media.

Il rendimento scolastico è decisamente insufficiente, il metodo di lavoro è lento e le capacità, secondo quanto emerso dal giudizio degli insegnanti, sono piuttosto limitate.

L'esame grafologico mostra invece potenzialità intellettive regolari (fluida, legata, a tratti rapida, robusta, divaricata), tanto da poterla collocare nello stadio delle operazioni formali, fase di analisi.

Ciò che emerge è un disturbo nella fase esecutiva che da un lato agisce ostacolando l'azione (tentennante) e dall'altro accompagna l'azione con uno stato ansioso (contorta). Fabiana desidera imporsi all'ambiente, anche con una certa aggressività (z sproporzionatamente grandi, tagli t lunghi e ingrossati, ricci soggettivi a fine parola, fluida), ma non ci riesce appunto per i blocchi ansiosi che incontra nelle azioni. Probabilmente questa situazione è stata causata da una traumatizzazione ambientale che le ha creato delle situazioni di disagio (costretta) che non riesce a superare e che le procurano difficoltà nello studio.

Disordinata

Abbiamo già parlato del segno disordinata nel capitolo relativo ai fattori disturbanti lo studio, dove si è evidenziato che tale carattere grafico è anche indice di temperamento agitato e ansioso.

Tesa

Nella scrittura tesa (Fig. 6 e 49) il moto discendente è seguito immediatamente dal moto ascendente e viceversa e tutto il tracciato presenta movimenti rapidi e angolosi. Tale segno rivela un'attività psicofisica tesa e logorante e quindi maschera uno stato di tensione nervosa. Questa situazione espone a logorii e affaticamenti per eccesso di consumo di energie, porta il soggetto ad essere irritabile e ad avere delle scariche di collera sproporzionate alle cause che le hanno determinate.

E' un segno di disagio e di sofferenza che indica che il ragazzo è in conflitto con i genitori e con l'ambiente in genere.

Nella nostra indagine il segno compare nel 9% dei casi esaminati, tutti caratterizzati da un temperamento emotivo e nervoso.

Diego (Fig. 49) ha quattordici anni e frequenta la seconda media.
E' considerato dai suoi insegnanti molto intelligente ma svogliato, a casa s'impegna poco e in classe appare spesso stanco e distratto. Questa situazione gli è costata due anni di ripetenza scolastica. L'esame grafologico conferma le buone potenzialità intellettive (legata, fluida, robusta, scattante, divaricata) e, secondo la nostra classificazione, può essere collocato nello stadio delle operazioni formali, fase di sintesi. Non si evidenziano fattori disturbanti lo studio e nemmeno problemi di socializzazione. Vi è però una forte emotività, infatti il ragazzo è in continuo stato di allarme psicologico (aste assottigliate, tagli t assottigliati) che gli fa assumere un atteggiamento difensivo di tipo ansioso. Questo atteggiamento di difesa è probabilmente causato da conflitti maturati sia nell'ambiente familiare che in quello scolastico e ciò è evidenziato da uno stato di tensione nervosa logorante (tesa) che spesso lo stanca anche fisicamente.
A casa è in continuo conflitto con il padre, soggetto a sua volta di temperamento nervoso e poco incline al dialogo, ed è in ansia per la madre sofferente di una grave malattia. Del resto anche la scuola non è riuscita ad aiutarlo e lo ha punito per non aver adeguatamente messo a frutto le sue capacità.
La scrittura rivela che Diego ha un carattere ribelle, ma non è capace di usare come arma difensiva la parola, anzi, nei momenti di difficoltà ammutolisce (tagli t corti) e ciò aumenta la sua tensione. Lo stato fortemente ansioso è visibile anche dalle numerosissime correzioni apportate alla scrittura (scrittura ritoccata).
Per concludere, l'irrequietezza e una certa aggressività nascondono una personalità caratterizzata da insicurezza e ansia profonda.

Fig.49.Diego, 14 anni.

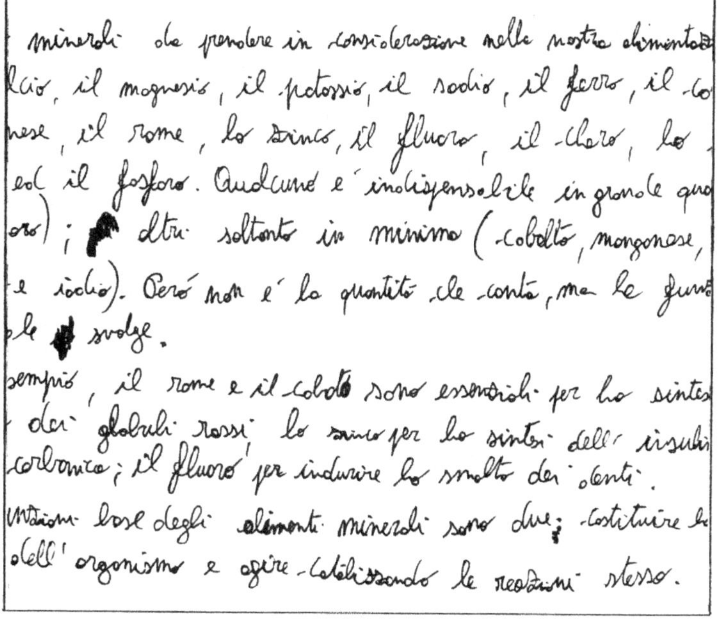

Conclusioni

Segni indicanti emotività compaiono nel 78% dei casi esaminati.

Tra i ventisette ragazzi con profitto scolastico buono, solo quattordici presentano segni di emotività (nove di questi presentano un solo segno).

Invece, dei trentasette casi con profitto scolastico insufficiente, ben trentatré evidenziano fattori di emotività, il che conferma come lo stress emotivo influisca grandemente sul profitto scolastico. Valori intermedi sono stati riscontrati nei ragazzi con profitto scolastico sufficiente.

I segni grafici esaminati compaiono con la frequenza riportata nel grafico della Fig. 50. Il grafico della Fig. 51 riporta invece le frequenze relative dei dato osservati nei diversi gruppi in esame.

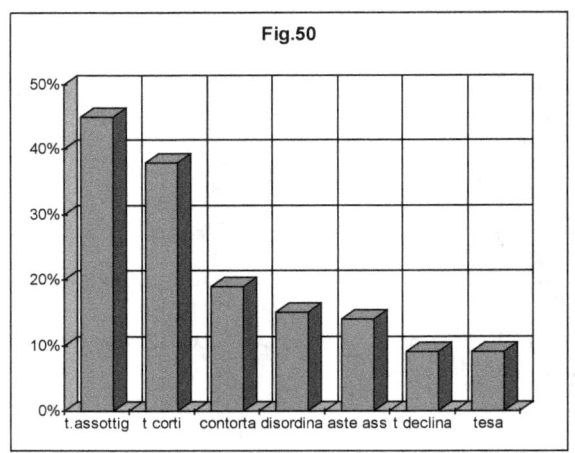

Fig. 50: Frequenze rilevate per ciascun segno grafico.

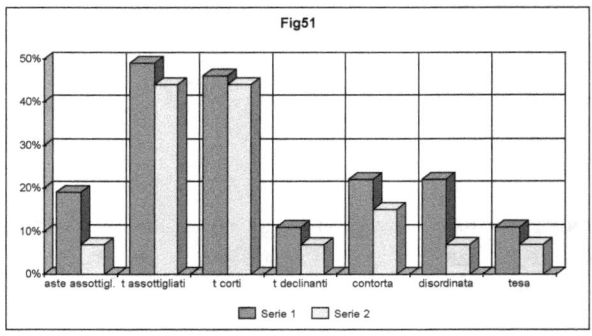

Fig. 51: Frequenze relative dei dati osservati nei diversi gruppi in esame.

Serie 1: valori rilevati nel gruppo di ragazzi con profitto scolastico insufficiente.

Serie 2: valori rilevati nel gruppo di ragazzi con profitto scolastico buono.

INSICUREZZA

Possiamo definire l'insicurezza come uno stato affettivo caratterizzato da paura, incertezza e inquietudine. Come abbiamo accennato a proposito dell'emotività, nemmeno l'insicurezza di per sé è una condizione patologica, bensì è un aspetto molto comune della condizione umana. Soprattutto nell'età evolutiva è un fattore che costituisce quasi la norma, basti pensare all'enorme cambiamento in atto nei ragazzi in questo periodo: superamento dell'egocentrismo, maturazione sessuale, ricerca dell'autonomia e dell'identità, sviluppo affettivo, ecc.

E' difficile che la crescita sia in ogni istante armonica, anzi, è prevedibile che si venga spesso a creare uno squilibrio tra le diverse tappe di sviluppo e tale squilibrio si traduce in varie forme di insicurezza, di paura, d'incertezza ed inquietudine. Questi fattori possono essere fenomeni transitori e i segni che li rilevano diventano così momentanee espressioni comportamentali di un'età tanto complessa e varia. Può tuttavia succedere che lo stato d'insicurezza sia profondo e che permanga nel tempo a causa di fattori costituzionali o di situazioni ambientali sfavorevoli.

Ecco quindi che i meccanismi di difesa individuali si fanno sempre più deboli fino a sfociare nell'ansia e nell'angoscia. Ad ogni modo, nell'età evolutiva, ogni forma di insicurezza viene a incidere in maniera abbastanza significativa sul rendimento scolastico, è utile quindi poter valutare i fattori che ne sono responsabili.

I segni grafici che permettono di rilevare l'insicurezza sono: ritoccata, punti i a cerchio, interlettera stretta, aste sottili, tagli t arretrati, discendente, margini a sinistra, compassata, titubante, tentennante, stentata.

Ritoccata

Nella scrittura ritoccata (Fig. 49) si nota la presenza di un impulso a ritornare indietro nel tracciato scrivente per apportare correzione e modifiche. In genere il ritocco viene effettuato su lettere scritte in modo poco chiaro e che possono essere confuse con altre

(obliterazione), pertanto tale gesto sta a significare desiderio di chiarezza. Il segno è molto frequente nelle prime classi delle scuole elementari e poi tende a scomparire. Il suo persistere nella preadolescenza è indice di ansia e di poca fiducia in se stessi.
Il segno compare, nell'indagine effettuata, nel 23% dei casi esaminati.

Punti i a cerchio

Il puntino sulla i è il componente più piccolo della scrittura e forse per questo, in genere, si pone un'attenzione minima al modo di tracciarlo e alla sua collocazione, accontentandosi di una localizzazione approssimativa. Per questa tendenza ad attribuire scarsa attenzione a tale particolare, il modo di collocare e di tracciare i punti sulle i è importante per rilevare alcuni tratti inconsci del carattere.
Il segno "punti sulle i a cerchio" consiste nel tracciare dei cerchietti al posto dei punti delle i (Fig. 52). Nell'età evolutiva la presenza di questo segno va valutata nel contesto globale della scrittura: esistono infatti delle grafie giovanili, soprattutto femminili, in cui il modo di tracciare il punto sulla i è una moda calligrafica. In altre scritture invece, la presenza del segno sta a designare una forma ansiosa indicante che, per qualche motivo, il soggetto non sopporta l'idea che al lettore possa sfuggire questo dettaglio. La distinzione tra i due casi va effettuata analizzando il contesto generale della scrittura.
Questo segno indica il desiderio di mettersi in mostra, di essere al centro dell'attenzione in soggetti che evidentemente in qualche modo si sentono trascurati. Normalmente la presenza di tale segno porta a un danneggiamento dell'attenzione per la tendenza del soggetto a dare eccessiva importanza a fatti di poco conto.
Nella nostra indagine il segno compare solamente nel 4% dei casi esaminati.

Interlettera stretta

Si parla di "interlettera stretta" quando lo spazio tra lettere è minore della larghezza media di un occhiello.
Nell'età adulta lo spazio tra lettere rivela l'attenzione che lo scrivente rivolge all'interlocutore, per cui chi ha uno spazio tra lettere

eccessivamente stretto tende a considerare molto i propri bisogni e poco quelli altrui.

Fig.52. Alessia, 13 anni.

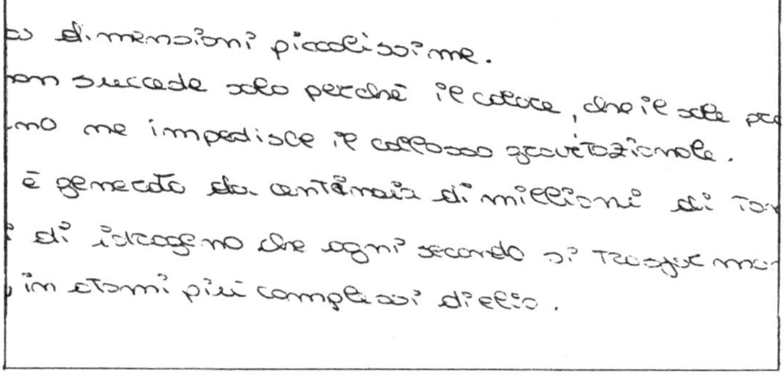

Nel bambino lo spazio tra lettere è sempre ridotto e ciò è normale dato che nell'infanzia si dà poco spazio all'ambiente circostante. Abbiamo anche visto, parlando della scrittura grande, nella parte riservata ai fattori disturbanti lo studio, come il persistere del carattere "interlettera stretta" nel corso della preadolescenza (Fig. 28 e 29) sia un segno di immaturità nella crescita. In questo caso notiamo difficoltà di autocritica, animo chiuso, problematicità nei rapporti di amicizia. Rivela riservatezza e grande attaccamento per l'ambiente familiare.

Parlando invece d'insicurezza, occorre considerare non tanto la generica presenza del carattere "interlettera stretta", quanto una variante particolare del carattere stesso, che si ha quando le lettere (generalmente quelle con occhiello) sono, non solo esageratamente avvicinate le une alle altre, ma sembra addirittura che si sostengano vicendevolmente (Fig. 13, 38 e 52). E' un segno che indica apprensione intellettiva e affettiva e si riscontra con una discreta frequenza. Nella nostra indagine compare nel 20% dei casi e nelle femmine è presente con una frequenza doppia rispetto ai maschi.

Inoltre, in circa la metà dei casi che presentano questo segno, è presente una scrittura di tipo "orale" e ciò conferma la dinamica affettiva legata a questa forma ansiosa.

Aste sottili

Abbiamo più volte accennato che l'imperiosità si manifesta nelle linee discendenti e che la pressione è uno sforzo che lo psichismo attua quando incontra una resistenza. Vi sono però dei soggetti che, di fronte a una resistenza, rinunciano al conseguimento dello scopo. Chi presenta le linee discendenti sottili, più sottili delle linee ascendenti (Fig. 53), mostra di avere un esagerato riguardo verso gli altri e di sentirsi debole di fronte a loro. Questo segno è da tenere in giusta considerazione nell'età evolutiva, età in cui la scrittura tende a essere molto premuta, per cui la presenza di tale segno è un buon indicatore di maturazione. Può essere indice della presenza di un complesso d'inferiorità se è presente in bambini di età inferiore a undici anni, va visto invece come segno d'immaturità affettiva se persiste oltre gli undici-dodici anni.
Nell'indagine effettuata il segno compare nel 4% dei casi esaminati.

Tagli t arretrati

Abbiamo visto nel capitolo precedente come il taglio delle t sia in grado di proiettare, secondo la lunghezza e posizione, vari atteggiamenti. Il segno "tagli t arretrati" si ha quando il taglio della t è arretrato rispetto all'asta (vedi le parole "rimasta" e "traccia" della Fig. 38).
Questo segno è una manifestazione primordiale di un istinto a nascondersi per difendere la propria incolumità minacciata. E' quindi manifestazione di paura e sgomento.

Sara (Fig. 38) presenta questo carattere e il suo profitto scolastico è peggiorato da questa ansia diffusa che la spinge all'autodifesa, che non la fa perseverare nei momenti difficili e che non la rende in grado di sostenere un'interrogazione.

Nell'indagine effettuata il segno compare nell'8% dei casi esaminati.

Discendente

Abbiamo già parlato della scrittura discendente a proposito della difficoltà di socializzazione. Questo segno è collocato anche in questo capitolo poiché la soccombenza che si realizza con la sua accentuata presenza, è un fattore indicante insicurezza.

Margini a sinistra

Abbiamo più volte parlato del significato degli spazi nell'occupazione del foglio e abbiamo tratto la conclusione generale che, nelle scritture eccessivamente marginate, vi è sempre tendenza a sentirsi a disagio. In particolare il margine a sinistra rappresenta simbolicamente il luogo di provenienza della scrittura e raffigura l'autorità. Quella dei genitori quando i bambini sono piccoli, poi quella degli insegnanti nell'età della preadolescenza, quindi quella delle istituzioni nell'età adulta.

Chi presenta margini a sinistra (Fig. 31), solitamente ha alle spalle una famiglia autoritaria che pretende obbedienza senza discussione. In una famiglia così strutturata, il soggetto non può agire di propria iniziativa o fare esperienze personali, ma deve comportarsi secondo un modello imposto. Naturalmente il bambino che ha avuto una tale educazione, avrà da adulto un riguardo ansioso nei confronti di chi gli ricorda l'autorità della famiglia, ossia nei confronti di chi sente superiore a sé. Nell'indagine effettuata il segno compare nel 21% dei casi esaminati ed è sempre accompagnato da altri segni di insicurezza.

Compassata

La scrittura compassata è quella in cui prevale metodicamente una forma irrigidita, per cui altezze, larghezze, spessori, inclinazioni, spazi, allineamenti, presentano quasi una perfetta identità. Questa scrittura dà la sensazione che il soggetto, nello scrivere, sia costantemente dominato da una ferma volontà di uniformità e di regolarità.

Valentina (Fig. 54) ha undici anni e frequenta la prima media. E' ossessionata dalla regolarissima, scrupolosa e irreprensibile esecuzione dei propri compiti e dei propri doveri, anche i più insignificanti, come se il concetto di esecuzione perfetta fosse la sua idea ossessiva. La forma mentale, sentimentale e volitiva è morbosamente irrigidita verso la realizzazione perfetta di tutte le proprie azioni. Quando Valentina ha un incidente di percorso, anche minimo, reagisce in modo

sproporzionato, ha crisi di pianto e di depressione e ciò non le consente un sereno approccio alla vita.
Questa situazione è stata favorita dalla madre che ha sempre preteso da lei il massimo, ponendola anche su un piano di competizione nei confronti dei compagni.
Valentina a scuola non accetta un voto diverso da quello che crede di meritare e incolpa gli altri di ogni suo piccolo insuccesso.

Titubante - Tentennante - Stentata

Si è già ampiamente parlato di questi segni come fattori d'insicurezza per eccellenza. Essi trovano collocazione anche nel capitolo dedicato ai fattori disturbanti lo studio per il ruolo fondamentale da essi assunto nelle difficoltà di apprendimento. Vanno tuttavia tenuti in debita considerazione anche in questo capitolo, in quanto segni di insicurezza profonda. Del resto abbiamo incontrato anche altri caratteri che danno luogo a interpretazioni varie e tra loro dipendenti, così il segno discendente riguarda tanto la difficoltà di socializzazione quanto l'insicurezza.

Ciò dimostra ancora una volta come l'interpretazione della scrittura non vada eseguita riferendosi solamente ai singoli segni, ma quanto invece sia importante una visione globale, dove i vari segni si integrano e si armonizzano tra loro in un articolato d'insieme.

Conclusioni

Segni indicanti insicurezza compaiono nel 70% dei casi esaminati e nel 10% dei casi l'insicurezza si presenta in forma grave per quantità e intensità dei segni rilevati.

Tra i ventisette ragazzi con profitto scolastico buono, ventidue presentano, seppur con lieve intensità, uno o due fattori di insicurezza (84%), mentre dei trentasette ragazzi con profitto scolastico insufficiente, ventinove presentano tali segni (78%), ma in questo caso la loro rappresentatività è tale, per intensità, da risultare significativa.

I segni grafici esaminati compaiono secondo la frequenza riportata nel grafico della Fig. 55. Il grafico della Fig. 56 riporta le frequenze relative dei dati osservati nei diversi gruppi in esame.

Fig. 54. Valentina, 11 anni.

iniziarono ad avventurarsi sulla terraferma circa 400 000 000
evoluzione della vegetazione rese questo ambiente una possibile
merose ma ormai sempre più affollate di concorrenti.
o qui sotto è raffigurato lo Ichthyostega, il primo anfibio e
caratteri simili ai pesci.
, un pesce ritenuto estinto, ma che è stato pescato nel 1938
sud-occidentale, è uno dei primi animali conquistatori della
oniano e carbonifero.
ato la capacità di usare la vescica natatoria come un rudi
necessità, è anche in grado di respirare l'ossigeno dell'aria. Ha
re rudimentali con le quali, in periodi di siccità può trascina
lla ricerca di acque più profonde. Da eleconto derivano i dipi
ntale polmone per respirare l'ossigeno durante la stagione secca
mostri marini?
l Dungennes Spit (Washington), un'intera famiglia vede em
nocrone scuro, con grandi macchie arancione intenso, un collo lun
ha criniera lungo e floscia.

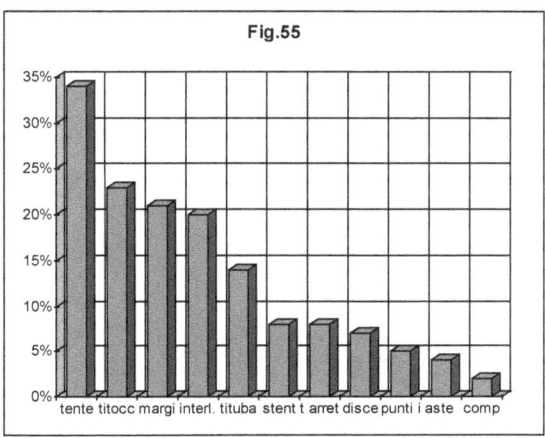

Fig. 55: Frequenza con cui ciascun segno compare nella popolazione esaminata.

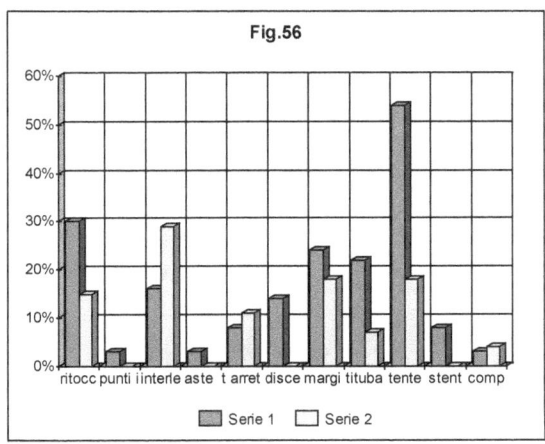

Fig. 56: Frequenze relative, espresse in termini percentuali, dei dati osservati nei diversi gruppi in esame. *Serie 1*: Frequenza dei segni nel gruppo di ragazzi con profitto scolastico insufficiente. *Serie 2*: Frequenza dei segni nel gruppo di ragazzi con profitto scolastico buono.

APPLICAZIONI DEL TEST DELLA SCRITTURA

Nella Fig. 57 è riportato un quadro riassuntivo dei segni grafici considerati, suddivisi per i gruppi di fattori che abbiamo ritenuto importanti per la valutazione del rendimento scolastico in alunni di età compresa tra undici e quattordici anni. Questa tabella consente di disporre di un quadro generale della situazione in esame.

Occorre precisare che l'approccio fornito nei confronti di questa disciplina, non ha lo scopo di fare una diagnosi dettagliata sulle dinamiche della personalità che abbiamo di fronte, ma tenta solo di evidenziare alcuni elementi che denotano problematiche legate all'ambiente socio - culturale di provenienza.

Occorre inoltre non dimenticare che la grafologia è essenzialmente propositiva e che non va mai perso di vista il suo aspetto pedagogico più importante, ossia, anche le sindromi grafiche più problematiche non sono mai irreversibilmente negative, e mirano a far emergere le potenzialità nascoste e su queste possibilità di recupero l'educatore deve far leva.

Non dobbiamo infine dimenticare che le capacità rilevate, cognitive o socio - affettive che siano, sono in continuo equilibrio dinamico e che ogni variabile si modifica rapidamente, a volte in modo regressivo e a volte in modo progressivo e ciò giustifica un approccio basato non solo sulla conoscenza profonda dell'età evolutiva, ma anche sulla prudenza diagnostica.

Dario (Fig. 58) ha tredici anni e frequenta la terza media.
Proviene da un ambiente socio - culturale buono ed è molto seguito nello studio. Il profitto scolastico è tuttavia appena sufficiente e il temperamento è poco vivace, timido e riservato.
L'esame grafologico (Fig. 59) rivela che le potenzialità intellettive sono regolari (fluida, piccola, scattante, divaricata) e che possiamo collocarlo nello stadio delle operazioni formali, fase di analisi.
Però anche un profano è in grado di intuire nei gesti grafici di Dario, quasi la paura di appoggiare la penna sul foglio.

In effetti, come si può notare dalla tabella della, il ragazzo soffre di una insicurezza profonda, ha un riguardo esagerato nei confronti degli altri, verso i quali si sente inferiore e debole (aste sottili) e il margine a sinistra conferma questo lato della personalità e questo disagio. Sono inoltre presenti tutti e tre i segni tipici dell'insicurezza, tentennante, titubante, stentata, che lo fanno apparire meno di quello che vale.

Inoltre sono visibili altri due fattori disturbanti lo studio: i caratteri "allentata" e "snervata" rivelano che ci sono anche pigrizia e svogliatezza, sia operativa che affettiva.

E' evidente che il ragazzo in questa situazione viene a produrre un profitto scolastico appena accettabile grazie agli interventi costanti della famiglia. Vi è tuttavia il rischio che, tra qualche anno, quando la famiglia non avrà più un ruolo così significativo, Dario possa incontrare seri ostacoli sul suo cammino, per questo è importante che scuola e famiglia intervengano in modo mirato, proponendosi degli obiettivi non - cognitivi che lo aiutino a essere più indipendente e più sicuro di sé.

Anche a livello di socializzazione ci sono dei problemi: il ragazzo lega poco con i compagni, nel suo sviluppo sociale vi è spazio solo per il mondo materno, mentre nella sua educazione il padre è poco presente e affettivamente traspare questo suo isolamento (scrittura accorciata).

Il rapporto con gli altri è reso difficile anche da una certa diffidenza (aste ritorte) e dalla tendenza a nascondersi agli altri (occhielli a ruota).

Questo temperamento è aggravato dall'emotività che gli crea un continuo bisogno di certezze (contorta) e dall'incapacità morbosa di affrontare situazioni critiche (tagli t corti).

Fig. 57. Quadro riassuntivo dei segni grafici esaminati.

NOME _____ ETA' _____ DATA _____

Valutazione del Consiglio di Classe: INSUFFICIENTE
                                      SUFFICIENTE
                                      BUONO
                                      OTTIMO

POTENZIALITA' INTELLETTIVA	
FLUIDA	
RAPIDA	
LEGATA	
LARGA DI LETTERE	
PICCOLA	
PARCA	
ROBUSTA	
SCATTANTE	
DIVARICATA	

DIFFICOLTA'DI SOCIALIZZAZIONE	
ROVESCIATA	
DISCENDENTE	
ACCORCIATA	
LARGA TRA PAROLE	
MARGINI A DESTRA	
APICI RITORTI	
ASTE RITORTE	
OCCHIELLI A RUOTA	

GRADO DI EMOTIVITA'	
ASTE ASSOTIGLIATE	
TAGLI T ASSOTIGL.	
TAGLI T CORTI	
TAGLI T DECLINANTI	
CONTORTA	
DISORDINATA	
TESA	

DISTURBI NELLO STUDIO	
SNERVATA	
DISORDINATA	
ALLENTATA	
GRANDE	
ARRUFFATA	
COSTRETTA	
TITUBANTE	
TENTENNANTE	
STENTATA	

INSICUREZZA	
RITOCCATA	
PUNTI T A CERCHIO	
INTERLETTERA STRETTA	
ASTE SOTTILI	
TAGLI T ARRETRATI	
DISCENDENTE	
MARGINI A SINISTRA	
COMPASSATA	
TITUBANTE	
TENTENNANTE	
STENTATA	

Fig. 58. Dario, 13 anni.

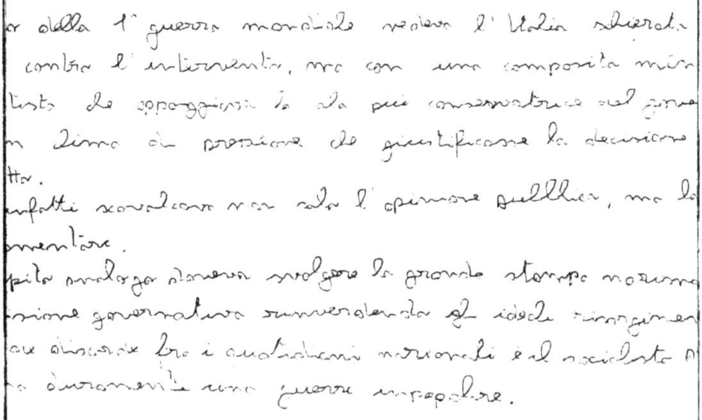

Fig. 59. Test grafologico di Dario.

NOME DARIO   ETA' 13   DATA

Valutazione del Consiglio di Classe: INSUFFICIENTE
                                     SUFFICIENTE X
                                     BUONO
                                     OTTIMO

POTENZIALITA' INTELLETTIVA	
FLUIDA	X
RAPIDA	
LEGATA	
LARGA DI LETTERE	
PICCOLA	X
PARCA	
ROBUSTA	
SCATTANTE	X
DIVARICATA	X

DIFFICOLTA' DI SOCIALIZZAZIONE	
ROVESCIATA	X
DISCENDENTE	
ACCORCIATA	X
LARGA TRA PAROLE	
MARGINI A DESTRA	
APICI RITORTI	
ASTE RITORTE	X
OCCHIELLI A'RUOTA	X

GRADO DI EMOTIVITA'	
ASTE ASSOTIGLIATE	
TAGLI T ASSOTIGL.	
TAGLI T CORTI	X
TAGLI T DECLINANTI	
CONTORTA	X
DISORDINATA	
TESA	

DISTURBI NELLO STUDIO	
SNERVATA	X
DISORDINATA	
ALLENTATA	X
GRANDE	
ARRUFFATA	
COSTRETTA	
TITUBANTE	X
TENTENNANTE	X
STENTATA	X

INSICUREZZA	
RITOCCATA	
PUNTI T A CERCHIO	
INTERLETTERA STRETTA	
ASTE SOTTILI	X
TAGLI T ARRETRATI	
DISCENDENTE	
MARGINI A SINISTRA	X
COMPASSATA	
TITUBANTE	X
TENTENNANTE	X
STENTATA	X

104

Luca (Fig. 60) ha dodici anni e frequenta la seconda media.

Il profitto scolastico è decisamente negativo e i suoi insegnanti ritengono che le capacità siano molto limitate. E' timido e riservato, parla poco con i compagni e manifesta un atteggiamento passivo.

L'esame grafologico di Luca è visibile nella Fig. 61. Le potenzialità intellettive risultano adeguate (legata, piccola, robusta, divaricata) ed è collocabile nello stadio delle operazioni formali, fase di analisi. Ciò che salta subito agli occhi nella scrittura è la presenza di ampi margini sia a destra che a sinistra del foglio. Il margine a sinistra rappresenta un fattore d'insicurezza e rivela come Luca abbia paura di ogni cambiamento che lo proietti da una realtà ad un'altra (ad es. dalla vita familiare alla vita scolastica). Teme gli insegnanti cui attribuisce un ruolo eccessivamente autoritario e sente come un grande peso che la famiglia e la scuola pretendano che si comporti in una certa maniera. L'insicurezza è confermata anche dalla presenza dei segni titubante e tentennante. Questo modo di essere è causato da un tipo di educazione poco attenta ai suoi bisogni: la sua è una famiglia di contadini che pretende che il ragazzo si comporti in una certa maniera senza discutere, è una famiglia che non dà affetto e che non ne chiede, quasi come se l'affetto fosse un segno di debolezza.

Il margine a destra rivela il troncamento della crescita e della maturazione. Luca si sente immaturo perché è stato psicologicamente castrato, in cuor suo ha poche speranze di poter concludere qualcosa di buono e ha sempre la sensazione di non farcela. La presenza di entrambi i margini, dunque, è per lo sviluppo della personalità il massimo della contraddizione, perché il margine a sinistra dice a Luca che deve arrangiarsi da solo perché è grande, quello a destra gli dice invece che è piccolo e che non ce la farà mai. E' come dicesse continuamente fra sé: devi essere il primo, invece sai già in partenza che sarai sempre l'ultimo.

Fig.60. Luca, 12 anni.

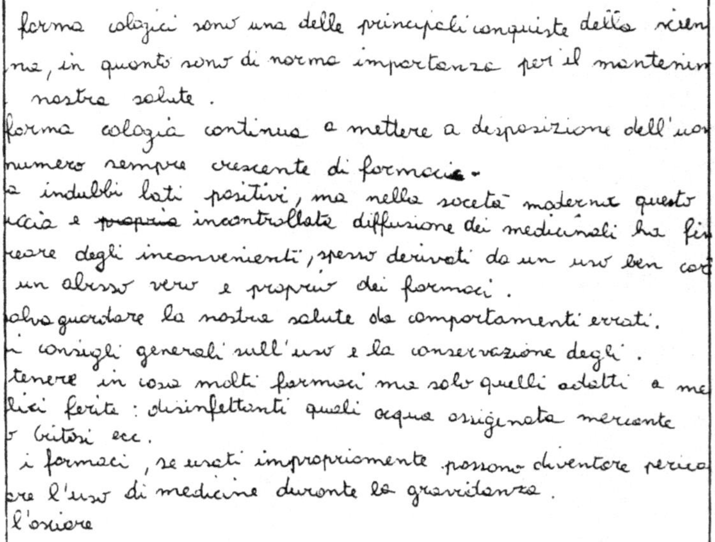

farma colazia sono una delle principali conquiste della ricer
ne, in quanto sono di norma importanza per il mantenim
nostra salute.
forma colazia continua a mettere a disposizione dell'uo
numero sempre crescente di farmacia.
a indubbi lati positivi, ma nella società moderna questo
acia e propria incontrollata diffusione dei medicinali ha fin
reore degli inconvenienti, spesso derivati da un uso ben con
un abuso vero e proprio dei farmaci.
alva guardare la nostra salute da comportamenti errati.
i consigli generali sull'uso e la conservazione degli.
tenere in casa molti farmaci ma solo quelli adatti a me
lici ferite: disinfettanti quali acqua ossigenata mercante
o bistori ecc.
i farmaci, se usati impropriamente possono diventare perico
re l'uso di medicine durante la gravidanza.
l'ossiere

Fig. 61. Test grafologico di Luca.

NOME ___LUCA_____ ETA' ___12_____ DATA _____

Valutazione del Consiglio di Classe: INSUFFICIENTE X
                                        SUFFICIENTE
                                        BUONO
                                        OTTIMO

POTENZIALITA' INTELLETTIVA	
FLUIDA	
RAPIDA	
LEGATA	X
LARGA DI LETTERE	
PICCOLA	X
PARCA	
ROBUSTA	X
SCATTANTE	
DIVARICATA	X

DIFFICOLTA' DI SOCIALIZZAZIONE	
ROVESCIATA	
DISCENDENTE	
ACCORCIATA	
LARGA TRA PAROLE	
MARGINI A DESTRA	X
APICI RITORTI	
ASTE RITORTE	
OCCHIELLI A RUOTA	

GRADO DI EMOTIVITA'	
ASTE ASSOTIGLIATE	
TAGLI T ASSOTIGL.	X
TAGLI T CORTI	
TAGLI T DECLINANTI	
CONTORTA	
DISORDINATA	
TESA	

DISTURBI NELLO STUDIO	
SNERVATA	
DISORDINATA	
ALLENTATA	
GRANDE	
ARRUFFATA	
COSTRETTA	
TITUBANTE	X
TENTENNANTE	X
STENTATA	

INSICUREZZA	
RITOCCATA	
PUNTI T A CERCHIO	
INTERLETTERA STRETTA	
ASTE SOTTILI	
TAGLI T ARRETRATI	
DISCENDENTE	
MARGINI A SINISTRA	X
COMPASSATA	
TITUBANTE	X
TENTENNANTE	X
STENTATA	

BIBLIOGRAFIA

A.P.R.E.S.P.A., Associazione per ricerche e studi di psicologia applicata: *I problemi dei giovani: orientamenti grafologici*, CESRIPA, S. Donà di Piave, 1993.

A.P.R.E.S.P.A., *Dalla scrittura al cuore dell'uomo, luogo di conflitto tra il bene e il male: dall'egocentrismo alla sensibilità per l'altro*, CESRIPA, S. Donà di Piave, 1994.

Bidoli S., *L'orientamento scolastico e professionale*, Edizioni Nuove Ricerche, Ancona, 1994.

Bidoli S., *La psicologia della scrittura*, Tea Pratica, Milano, 1992.

Bruni P., *Grafologia giovanile*, Xenia Edizioni, Milano, 1994.

Bruni P., *La grafologia, scrittura e personalità*, Xenia Edizioni, Milano, 1994.

Conficoni I., *I tratti di personalità*, Quaderni di scrittura n.12, Libreria "G. Moretti" Editrice, Urbino, 2000.

Crepieux-Jamin, *Il carattere dalla scrittura*, Quattroventi, Urbino, 1985.

Crotti E., *Test di Scrittura*, Nuova Edizione, Milano, 1991.

Darley J. M. - Glucksperg S. - Kinchla R. A., *Fondamenti di Psicologia*, il Mulino, Bologna, 1998.

Ercolani A. P. - Areni A., *Statistica per la ricerca in psicologia*, il Mulino, Bologna, 1995.

Gabrielli L., Sartor R., Sbicego G., *Grafoanalisi*, Acanthus, Milano 1986.

Galeazzi G., Palaferri N., Giacometti F., *Guida alla grafologia*, Sansoni, Firenze 1990.

Galeazzi G., *La scienza grafologica oggi*, Città Nuova Editrice, Roma, 1977.

Kamii C., *Young Children Reinvent Arithmetic: Implications of Piaget's Theory* (2nd ed.), Teachers College, United States, *2000*.

Klages L., *La scrittura e il carattere*, Mursia, Milano, 1982.

Marchesan M., *Psicologia della scrittura*, Istituto Indagini Psicologiche, Milano, 1980.

Marradi A., *Concetti e metodo per la ricerca sociale*, La Giuntina, Firenze, 1997.

Millevolte A., *La scrittura*, EBC, Trieste, 1991.

Moretti G., *Facoltà intellettive - attitudini professionali dalla grafologia*, Messaggero, Padova, 2000.

Muller W. H., Enskat A., *Diagnostica grafologica*, Messaggero, Padova, 1995.

Palaferri N., *Dizionario grafologico morettiano*, Libreria "G. Moretti" Editrice, Urbino, 2001.

Palaferri N., *L'indagine grafologica e il metodo morettiano*, Messaggero, Padova, 1999.

Piaget J., *Cos'è la psicologia*, Grandi tascabili Economici Newton, Roma, 1995.

Pontecorvo C., *Psicologia dell'educazione*, Lisciani e Giunti Editori, Teramo, 1981.

Pophal R., *Scrittura e Cervello*, Messaggero, Padova, 1990.

Pulver M., *La simbologia della scrittura*, Bollati Boringhieri, Torino, 1983.

Reuchlin M., *Storia della psicologia*, Newton Compton Editori S.r.l., Roma, 1994.

Perron R., *La contribution de l'écriture à l'étude de l'enfant*, in Atti del I Congresso Europeo di pedopsichiatria, Tip. Porziuncola, Assisi, Vol. II parte II, p. 8-13.

Vertecchi B., *La valutazione formativa, Scienze dell'educazione*, Loescher Editore, Torino, 1982.

www.ingramcontent.com/pod-product-compliance
Lightning Source LLC
Chambersburg PA
CBHW072209280526
45788CB00002B/941